Jine Knapp, Doris Rittberger

Endlich Wochenende

Niederösterreichs Süden und Westen,
Oberösterreichs Osten und Burgenland

verlag rittberger+knapp

Inhalt

TOUR		SEITE
1	**Perchtoldsdorf** Bezaubernde Landschaft einer ehemaligen Brandungszone	8
2	**Mödling** Wandern im Zentrum des Naturgartens	12
3	**Heiligenkreuz** Kreuzende Lebenswege und ihre Hinterlassenschaften	16
4	**Baden** Die heilenden Quellen der beliebten Rosenstadt	22
5	**Bad Vöslau** Spaziergänge durch die herrlichen Gefilde der Seekuh Linda	26
6	**Blumau-Neurißhof** Dynamit im Herzen – die vergessene Pulvermetropole	30
7	**Bad Fischau** Eintauchen in die stillen Elemente: Wasser und Stein	34
8	**Berndorf** Im Herzen des Triestingtals: Baukunst im Namen der Liebe	38
9	**Muggendorf** Auf Kaisers Wegen: Wilde Wasserwelten im Piestingtal	42
10	**Puchberg** Am Fuße des höchsten Berges von Niederösterreich	46
11	**Mönichkirchen** Im Höhenluftkurort frische Meeresluft atmen	50
12	**Kirchberg** Wanderdorf mit unverWECHSELbaren Schwaigen	54
13	**Semmering** Luftgenuss mit prominenter Eisenbahngeschichte	58
14	**Reichenau** Auf den Spuren Nestroys & Schnitzlers	62
15	**St. Aegyd** Pilze, Orchideen & weiße Tiger an der steirischen Grenze gesichtet	66
16	**Lilienfeld** Das bezaubernde Babenberger-Städtchen entlang der Traisen	70
17	**Türnitz** »Wildlife« und bizarren Felsformationen begegnen	76
18	**Wienerbruck** Eindrucksvolle Naturszenarien rund um den Ötscher	80
19	**Mitterbach** Wildfräuleins, Wassernixen und andere nebulöse Gestalten	84
20	**Purgstall** Mostviertler Naturjuwel mit Tiefgang	88
21	**Lunz** Das Bergsteigerdorf am smaragdgrünen See	92
22	**Göstling** Eine fantastische Reise ins Dreiländereck	96
23	**Hollenstein** Der stille Ort inmitten der Eisenwurzen	100
24	**Waidhofen** Das Tor zum Reichtum des Mittelalters	104
25	**Enns** Die Stadt, in der die Stunden wie Minuten vergehen	108
26	**Wallsee** Das Wassersportparadies mit römischen Hinterlassenschaften	112

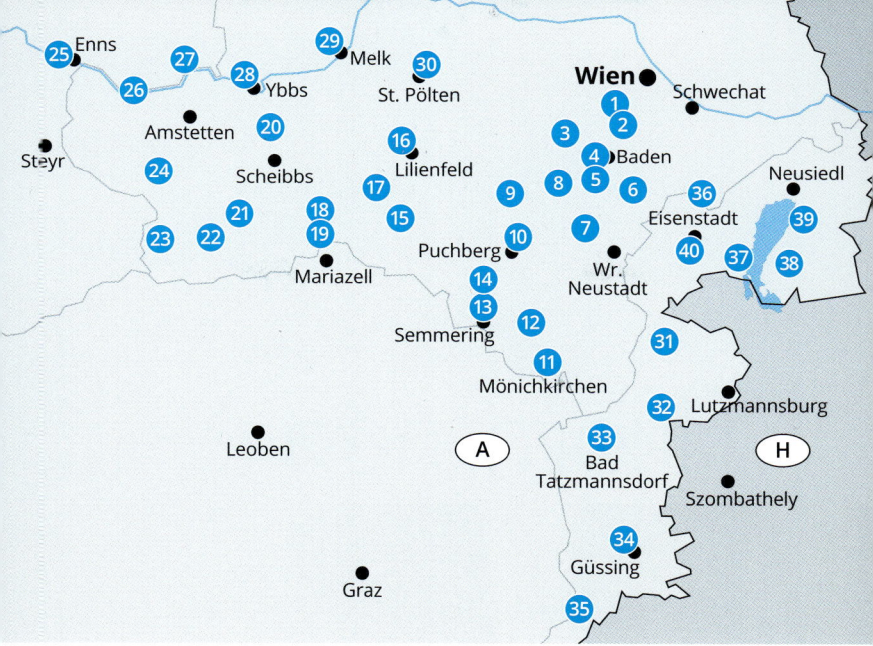

27	**Grein** Die glänzende Perle im berüchtigten Strudengau	116
28	**Ybbs** Das Tor zwischen Struden- und Nibelungengau	120
29	**Melk** Eine geistlich-künstlerische Reise in wissenschaftliche Sphären	124
30	**St. Pölten** Zwischen Kopfsteinpflaster und moderner Architektur	128
31	**Kobersdorf** Kultur- & Naturgenuss am jüngsten Vulkan Österreichs	134
32	**Lockenhaus** Legenden und Tatsachen rund um den Geschriebenstein	138
33	**Bad Tatzmannsdorf** Ruhe finden und Kraft tanken	142
34	**Güssing** Ungarischer Adel inmitten malerischer Landschaftsbilder	146
35	**Neumarkt** Im südlichsten Zipfel des sonnigen Burgenlands	150
36	**Mannersdorf** Die besinnlichste Stadt des Industrieviertels	154
37	**Mörbisch** Atemzüge im pannonischen Rhythmus	158
38	**Illmitz** Beeindruckende Erlebnisse in Österreichs tiefstgelegener Ortschaft	162
39	**Podersdorf** Gemütlich Sonne tanken oder »Hart am Wind« bleiben	166
40	**Eisenstadt** Flanieren in und um die »kleinste Großstadt der Welt«	170

Willkommen

Es geht ums Langsamerwerden beim Gehen und es geht ums Genauhinschauen. Ums Sachenentdecken gehts und ums Horizonterweitern. Gerade in diesen unruhigen und unsicheren Zeiten, in denen scheinbar alles enger wird, sind diese Freiräume zum Entdecken da und zum dabei Entspannen. Wir sind für euch weitergegangen und haben in diesem zweiten Teil der »Endlich Wochenende«-Serie eine Menge Mikroabenteuer zum Nacherleben gesammelt.

Wir sind am südlichen Rand von Wien gestartet, haben dann das völlig unterschätzte niederösterreichische Industrieviertel unsicher gemacht und dort Ruinen entdeckt, die wir euch nicht vorenthalten können. Um den einen oder anderen Gipfel zu erklimmen, sind wir dann in Richtung der Wiener Hausberge gewandert und von dort aus weiter Richtung Wechsel. Nach dem Schnuppern frischer Semmering-Luft sind wir gen Norden Richtung Ötscher abgebogen. Wir sind in die Ötschergräben eingetaucht, entlang der Ybbs bis zur Donau gewandert, vom Strudengau verzaubert worden, haben das Panorama auf der Gobelwarte genossen und am Weg ins sonnige Burgenland keine Schritte gezählt. War nicht notwendig, weil Genuss pur! Kommt mit, es zahlt sich aus!

Alle Wege sind online
Unsere Touren kannst Du auch ganz einfach am Handy abrufen, indem Du den QR-Code der jeweiligen Ortschaft scannst, die Karte öffnest (Google Maps oder AllTrails) und schon geht Orientierung ganz einfach.

Falls Du kein Handy benützen willst, öffne den Link *www.wildurb.at/maps*, klicke auf unser Buch »Endlich Wochenende 2« dann auf den Ort und die gewünschte Karte. So kannst Du die Tour ausdrucken, das Höhenprofil anschauen und Dateiformate für Deine Navigations-App downloaden.

LEGENDE
5km[1] (1¾h)[2] | RW[3] | 128hm[4] | einfach[5]
Start: Schrannenplatz 3 [6]

1) Tourlänge, 2) Gehzeit, 3) Verlauf: RW (Rundweg) / SW (Streckenwanderung)
4) Höhenmeter zu überwinden
5) Schwierigkeit (einfach-mittel-schwer)
6) Startpunkt der Tour

TOUR 1

Perchtoldsdorf

Die bezaubernde Landschaft einer ehemaligen Brandungszone

Als südlicher Speckgürtel der Wiener bekannt, schmiegt sich die hübsche Wein- und Heurigengemeinde Perchtoldsdorf an die Stadtgrenze Wiens und schmeichelt mit dem Naturpark Föhrenberge, einem Naturjuwel der Sonderklasse. Vom Perchtoldsorfer Marktplatz oder der Endstation der Straßenbahnlinie 60 (Rodaun) aus startet man zu kurzen oder längeren Wander- und Mountainbiketouren, konsumiert kulturelle Highlights in der 1.000 Jahre alten Burg oder kehrt in einen der vielen Heurigen ein und genießt dort erlesenen Wein und leckere Schmankerln aus der Gegend.

Drei Hütten, Heide & See
Der steppenartige Trockenrasenbereich zu dem die Perchtoldsdorfer Heide zählt, lag vor etwa 14 Millionen Jahren, als das Wiener Becken vom Meer überflutet wurde, genau an dessen Brandungszone und wird auch die »Steppe am Stadtrand« genannt. Die Heide ist bekannt als idealer Ort, um im Herbst die Drachen steigen zu lassen, im Winter, um die Hügel hinunterzurodeln oder für ein romantisches Picknick mit dem oder der Liebsten auf der Wiese oder wenn

ANREISE
2380 Perchtoldsdorf, NÖ

ÖFFENTLICH
🚌 Wien Liesing › Perchtold. Marktplatz
Dauer: 0:10; Bus 256; fährt täglich

der Wauwau und das Kind, aber zu allererst der innere Schweinehund Auslauf nötig haben.

Jahreszeitunabhängig gibt es hier viel zu erleben: sei es, den Zieseln beim Holehopping oder den Schafen beim genüsslichen Dinieren von Wildkräutern zuzusehen oder die vielfältigen Tier- und Pflanzenarten zu erkunden. In jedem Fall lässt sich hier herrlich die Seele baumeln und der Weitblick über ganz Wien schweifen.

Historischer Innenhof Regenharthaus

Eine gute Mischung
Das Rezept ist einfach: Von Perchtoldsdorf nach Kaltenleutgeben und auf anderer Strecke wieder retour, gewürzt mit einem artenreichen Naturschutzjuwel und ein romantischer Steinbruchsee als Garnierung. Voila!

❙ Waldsanatorium › Markierung ▬ über Perchtoldsdorfer Heide, Rastplatz Bierhäuselberg, Franz Ferdinand Schutzhaus zur Kammersteinerhütte › rechts auf den Weg 04 › nach 200m Abstecher zur Teufelsteinhütte und zurück auf 04 › nach dem Steinbruch-See nach rechts zur Naturschutzgebiet -Besucherzone › bergab auf die Kaltenleutgebner Straße und nach rechts zum Restaurant Waldmühle (Bus 255, falls ein Tourende gewünscht ist) › neben der Kaltenleutgebner Straße zum Ende des ehem. Zementwerks (600m) › rechts über die »Dürre Liesing« auf Wanderweg ▬ zur Burgruine Kammerstein und zum Rastplatz Bierhäuselberg › ab hier auf der

Ziesel auf der Heide

bekannten Markierung 🟥 zurück

8,4km (3h) | RW | 500hm | mittel
Start: Lohnsteinstr. 50 (Waldsanatorium)

Über Flure und Rieden

Im 16. Jahrhundert war nahezu das gesamte kultivierbare Gebiet hier am Beginn der Thermenregion mit Wein bepflanzt. Heute sind es nur noch 14%. Doch die idealen Klimabedingungen lassen beste Reben heranreifen, die wir auf unserer Tour durch die Weingärten begutachten werden.

▌Höhenstraße Parkplatz › links in Hyrtlallee 01 04 06 › 200m nach dem Waldrand links halten › am Waldrand zur Mohrenberger Alm (Fehnerw. 40) › 300m geradeaus zum Haspelweg › rechts einbiegen › Aussichtsplatz › am Waldrand zur Kapelle › Schirgengraben (bachbegleitet) bis zur 3. Brücke (nicht überqueren) › links in den Obmann Franz Distl Wanderweg › rechts in die Straße »Am Goldbiegelberg« bis zur Goldbiegelgasse, diese links › links in die Elisabethstraße und sofort wieder rechts am Schießgrabensteig zum Parkplatz zurück

5km (1¾h) | RW | 128hm | einfach
Start: Höhenstr. 15 (Parkplatz Sportzentrum)

MEHR SEHENSWERTES
Burg Perchtoldsdorf:
Perfekte Kulisse für Kulturveranstaltungen: Kabarett, Konzerte, Ausstellungen
www.burg-perchtoldsdorf.at

Perchtoldsdorfer Sommerspiele:
Inszenierungen von Shakespeare bis Oscar Wilde, findet jährlich in den Monaten Juni/Juli Open Air oder im Neuen Saal der Burg statt.
www.sommerspiele-perchtoldsdorf.at

Ausg'steckt is':
Herausragende Weine aus der Region und urige Hausmannskost. z.B. bei Weinbau Familie Barbach, Familie Wurth »Kinderwurth« oder Weingut Nigl »Kas-Nigl«.
www.perchtoldsdorf.com

INFORMATIONEN & PLÄNE
Fremdenverkehrsamt
Marktplatz 11, Perchtoldsdorf
www.perchtoldsdorf.at

Wehrkirche und Wehrturm

TOUR 2

Mödling

Wandern im Zentrum des Naturgartens

Zwischen mittelalterlich anmutendem Kopfsteinpflaster und umwaldete Ruinen findet sich in Mödling das, was unter einer kleinbürgerlichen Weltstadt zu verstehen ist. Hier am sogenannten »Nabel der Welt« oder immerhin nahe am Südwesteck der Bundeshauptstadt gibt es Gemütlichkeit und Lebensfreude, die feine Gastroszene von Gourmet- bis Heurigenlokal nicht zu vergessen, und Wanderwege, die direkt vom Zentrum aus begehbar sind. Wissenswert: Im Nazi-Regime hörte Mödling von einem Tag auf den anderen auf, eigenständig zu existieren, denn es wurde zum 24. Bezirk Wiens. Erst ab 1954 durfte Mödling sich wieder Stadt nennen.

Erschaffene Idylle
»Tausende wallen an schönen Sonn- und Feyertagen nach dieser romantischen Gegend, die Fürst Johann in einen einzigen, großen, erhabenen Naturgarten verwandelt hat«, schrieb Josef Haderer 1829 über den heutigen Naturpark Föhrenberge, der sich von Breitenfurt über Mödling bis nach Gumpoldskirchen zieht. Dieses malerische Gebiet entstand allerdings erst in den letzten beiden Jahrhunderten.

ANREISE
2340 Mödling, NÖ
ÖFFENTLICH
Wien Meidling Bhf › Mödling Bhf
Dauer: 0:11; S3/R; fährt täglich

Davor kam der karge Landstrich unter die kreativen Fittiche des Fürsten Johann I. von Liechtenstein, der die damalige Ödnis in eine hübsche mediterrane Landschaft verwandeln ließ.

Südöstlich des Kalenderbergs, an den Ausläufern des Anningers steht der Husarentempel mit Blick über Wien. Geplant wurde das Bauwerk 1809 vom Architekten Joseph Hardtmuth, der übrigens auch den Bleistift erfunden hat. Bei Dunkelheit wird der Husarentempel wunderschön und

Blick auf Aquädukt und St. Othmar

weitläufig sichtbar durch eine solarbetriebene Anlage beleuchtet.

▌Kursalon › Kurpark › Markierung 43 bergauf, am Kamm entlang bis zur 1. Kreuzung (1,6km) › rechts auf ▬ bis zur 1. Gabelung (Jägerhaus) › links am Zaun entlang und der Markierung 48 folgen › am Konrad-Brüger-Rastplatz geradeaus der ▬ Markierung bis Husarentempel folgen › links auf den Kientalweg ▬ 43 › nächste Gabelung rechts und Markierung ▬ für 1km folgen › Mündung in Frauenweg 46 › rechts eintreten bis Mündung in Anningerweg 43 › hier erneut rechts einbiegen › an der Meiereiwiese zum Landhaus Föhrenhof 46 abzeigen › Wegweiser zur Burgruine Mödling › nach dem Abstecher zur Ruine auf den Hauptweg zurück › Markierung 48 nach links bis zum 1. Gebäude › rechts in den Neuweg 43 und begleitet vom Mödlingbach zum Kursalon
10,3km (3¾h) | RW | 454hm | mittel
Start: Brühler Straße 19 (Kursalon)

Teile der Burgruine Mödling

Im Schatten der Föhren

Zwischen Schwarzem Turm und Pfefferbüchsel, entlang des »alpinen« Pfades am Kalenderberg schreiten wir im Museum der Burg Liechtenstein bei einer Führung durch die kühlen Räumlichkeiten oder besteigen den Turm, bevor wir uns das Amphitheater, die dritte der künstlichen Ruinen hier im Naturpark Föhrenberge aus der Nähe ansehen. Wer will – auch ein Abstecher zur Seegrotte ist dabei!

▌Schrannenplatz › Pfarrgasse › Sankt Othmar › auf der Markierung ▬ zum Mödlinger Kobenzl, Schwarzen Turm, Gamseckersteig, Jordankanzel › Gabelung (links Abstecher Seegrotte **41** ▬, +3km) oder geradeaus ▬ zum Pfefferbüchsel, Kirchberg-, Turnerwiese, Kalenderweg › Wegweiser zur Burg Lichtenstein (über den Umkehrplatz) › nach der Burgumrundung zurück zum Umkehrplatz, nun den linken Waldweg wählen › Amphitheater › nach 100m Gabelung, rechts einbiegen › auf **41** Jubiläumspark, links einbiegen › Parkstraße bis Hausnr. 7 › Durchhaus › Schrannenplatz

6km (2¼h) | RW | 198hm | einfach
Start: Schrannenplatz 3 (Posthof)

MEHR SEHENSWERTES

Seegrotte Hinterbrühl: Das ehemalige Gipsbergwerk, später Flugzeugfabrik der deutschen Wehrmacht, beherbergt den größten unterirdischen See Europas. Öffnungszeiten beachten: *www.seegrotte.at*

Theater im Bunker: Eine theatralisch-literarische Geisterbahn durch einen stillgelegten Mödlinger Luftschutzstollen. *www.theaterzumfuerchten.at*

Naturpark Sparbach: Der älteste Naturpark Österreichs mit Abenteuerspielplatz, Tiergehegen, Teichen und Ruinen. www.naturpark-sparbach.at

KOLM - Die Bäckerei
für's perfekte Wochenendfrühstück!
www.kolm-diebaeckerei.at

SHOP, INFOS & PLÄNE

info.service Mödling
Kaiserin Elisabeth-Straße 2, Mödling
www.moedling.at

Seegrotte Hinterbrühl

TOUR 3

Heiligenkreuz

Kreuzende Lebenswege und ihre Hinterlassenschaften

Ob auf der Durchreise am Pilgerweg, der Via Sacra, nach Mariazell oder das schicksalsträchtige Mayerling, das durch die Tragödie des 30. Jänner 1889 in die österreichische Geschichte eingegangen ist, hier sind es besondere Begegnungen, die den Ort prägen. Das Stift Heiligenkreuz, eine bis heute lebendige Zisterzienserabtei, gilt jedenfalls als das mystische Herz des Wienerwaldes und kann auf einem Rundgang durch die eindrucksvolle Klosteranlage erkundet werden.

Barocker Kreuzweg
Die herrliche Treppenanlage bildet das Entree zu den 14 Stationskapellen am Schneiderbergl. Nicht nur die Deckenfresken in den Kapellen, sondern auch die den Weg begleitenden barocken Statuen sind von künstlerischer Anmutung und absolut sehenswert.

Via Sacra schnuppern
Gleich drei Weitwanderwege treffen sich in Heiligenkreuz: Der Wiener Wallfahrerweg, der von Wien-Rodaun nach Mariazell führt, der anspruchsvolle Nordalpenweg vom Neusiedler See bis zum Bodensee und natürlich die »Heilige Straße« – die Via Sacra.

ANREISE
2532 Heiligenkreuz, NÖ

ÖFFENTLICH
🚆 Wien Meidling Bhf › Mödling Bhf
  Dauer: 0:11; S3/R; fährt täglich
🚌 Mödling Bahnhof › Heiligenkreuz
  Dauer: 0:31; Bus 365; fährt täglich

Die 800 Jahre alte Pilgerstrecke ist der älteste Wallfahrtsweg Österreichs und begann ursprünglich an der Wiener Paulanerkirche. Wegen des regen Stadtverkehrs wurde der Startpunkt nach Brunn am Gebirge verlegt. Danach gehts über Heiligenkreuz, Lilienfeld und Annaberg nach Mariazell. Die 121km lange Tour ist gespickt mit spirituellen Stationen und auf Pilger spezialisiert – alles, man höre und lächle – Via-Sacra-zertifiziert.

Heiligenkreuz Kreuzweg

Praktisch ist der Autobus (169) der ganzjährig größtenteils entlang der Route verkehrt. Er ermöglicht ein Begehen von Teilstrecken zum Via Sacra Beschnuppern. Wir entscheiden uns für die Etappe 2 von den insgesamt 5 Etappen bis Mariazell:

▎Markierung VS (od. Via Sacra ausgeschrieben) › Mayerling › Untermeierhof › Maria Raisenmarkt › Holzschlag › Nöstach › Hafnerberg › Altenmarkt › Thenneberg › Kaumberg;

Auf unserer Onlineroute weichen wir ab und zu auf den Wr. Wallfahrerweg aus, um der Bundesstraße zu entgehen. In Kaumberg angekommen, stehen allerlei Übernachtungsmöglichkeiten zur Verfügung oder man steigt für die Heimreise in den Bus (169).

22km (8h) | SW | 756hm | schwer
Start: Stift Heiligenkreuz

Peilstein über den Nordalpenweg
In Heiligenkreuz gehts nicht nur auf die Via Sacra, sondern auch auf

Stift Heiligenkreuz

den etwa 1.000km langen Nordalpenweg. Vom Neusiedler See oder vom Wienerwald zieht er sich durch sieben Bundesländer und schlängelt sich über hochalpines Gelände (Dachstein, Hochkönig, Steinernes Meer, Zugspitze und Lechtaler Alpen). Ganz so viel Trittsicherheit und alpine Erfahrung brauchen wir auf unserem Teilstück nicht, doch interessanten Felsformationen wie der Arnsteinnadel und den Arnsteinhöhlen begegnen wir trotzdem. Sogar ein Gipfelkreuz erwartet uns, sobald wir den steilwandigen Kalkberg – der übrigens 800 Kletterrouten sein eigen zählt – namens Peilstein erklommen haben. Übernachten kann man auf 716m im Peilsteinhaus. Der kürzeste Abstieg führt in den kleinen Ort Schwarzensee (Bus 318, Montag-Freitag). Wochenends empfiehlt sich der Weg zum Bahnhof Weissenbach-Neuhaus (täglich Züge), oder ihr wandert rund 900km weiter bis zum Bodensee.

▌ Markierung **01** › Mayerling › Untermeierhof › Maria Raisenmarkt › Peilsteinhaus › Gipfelkreuz Peilstein
9,5km (4h) | SW | 520hm | mittel
Start: Stift Heiligenkreuz

MEHR SEHENSWERTES

Karmel St. Josef (ehem. Jagdschloss Mayerling): Ausstellung über den tragischen Tod des Kronprinzen Rudolf und seiner Geliebten Mary Vetsera.
www.karmel-mayerling.org

Peilsteinhaus: Schutzhütte der ÖAV Sektion Österreichischer Gebirgsverein mit Verpflegung, Übernachtungsmöglichkeit, Aussichtsturm und Kletterpavillon.
www.alpenverein.at/peilsteinhaus/

Buchtipp: WIEN GEHT WEIT
Weitwandern: Urlaub vom Alltag
ISBN 978-3-9502869-6-0

Allander Tropfsteinhöhle: Beeindruckende Schauhöhle (Trittsicherheit)!
www.alland.at/m/tropfsteinhoehle

INFORMATIONEN & PLÄNE

Gemeindeamt Heiligenkreuz
Hauptstraße 7, Heiligenkreuz
www.heiligenkreuz.at

Ausstellung im Karmel Mayerling

TOUR 4

Baden

Die heilenden Quellen der beliebten Rosenstadt

Während wir durch das biedermeierliche Örtchen streifen, weht uns ein Odeur von gediegener Noblesse einer ehemals kaiserlichen Sommerresidenz entgegen. Nicht nur der Habsburgische Hof genoss die Atmosphäre der natürlichen Quellen, sondern bereits in der Antike füllte das »heilende Gold«, wie das Badener Schwefelwasser auch genannt wird, die Becken – ganze 14 Quellen entspringen alleine im inneren Stadtkern. Casino, Römertherme, Rosarium, Helenental, das sind wohl die Highlights, aber sicher nicht alles, was Baden zu bieten hat.

Quelle der Sinne

Sehr eindrucksvoll entspringt im historischen Kurpark unter dem Orchestergraben der Sommerarena das warme Schwefelwasser der Römerquelle. Durch den Spalt einer Glaskuppel wird sichtbar gemacht, wie die Quelle an die Oberfläche dringt.

Women only

Über dem Hochaltar der Frauenkirche, dem heutigen Gebäude des einstigen Frauenbads, kam – wie könnte es anders sein – die Frauenquelle am Josefsplatz 5 zum Vorschein. Heute

ANREISE
2500 Baden bei Wien, NÖ

ÖFFENTLICH
🚆 Wien Meidling Bhf › Baden b.Wien Bhf
Dauer: 0:19; R; fährt täglich

beherbergt der Bau das Arnulf Rainer Museums, doch Teile des lieblichen Bades, das einzig den Damen vorbehalten war, sind noch gut erkennbar.

Stranger Things

Bei mehr als 40 Litern pro Sekunde, die die Marienquelle aus 1.000 Metern Tiefe emporsprudeln und dabei das denkmalgeschützte Thermalstrandbad (Helenenstraße 19-21) mit der wärmsten aller Quellen, nämlich 34,9°C, speisen, könnte man vermuten, es handelt sich dabei um über-

Ruine Rauhenstein

natürliche Kräfte. Durchaus dekadent für die damalige Zeit ist der schon 1924 wie heute größte künstliche Sandstrand Österreichs und das bis 1929 größte Bassin des Kontinents.

Anstelle der heutigen Römertherme (Brusattipl. 4) stand ein Freibad, das das Schwefelheilwasser ursprünglich von der Josefsquelle erhielt. Wobei das Hauptgebäude der Römertherme aus den kreativen Händen der beiden Architekten der Wr. Staatsoper August von Sicardsburg und Eduard Van der Nüll entstammte.

Romantik im Park
Im historischen Kurpark und in seinen Ausläufern versteckt sich die Theresienwarte, das Kaiser-Franz-Josef-Museum oder der Beethoventempel. Auch der Doblhoffpark ist reizend mit seinem See – um 1850 ein Freibad – und dem berühmten Rosarium: Blütenpracht mit tausend Rosen und der barocken Orangerie als Kulisse.

Casino im ehemaligen Kurhaus

Blick ins Helenental

Über der Rosenstadt thront die gewaltige Burgruine Rauhenstein. Ihre Größe ist vom gut 20m hohen Burgturm deutlich zu erahnen. Er gewährt uns auch einen Blick zur Burgruine Rauheneck gegenüber sowie ins Helenental. Auf dem berühmten »Wegerl durchs Helenental«, vorbei an der unheimlichen Hinrichtungsstätte »Urtelstein«, gehts wieder retour.

▌ Über Parkplatz Holzrechenplatz › Unterführung B210 › durch Erholungsgebiet Holzrechenplatz zum Hotel Sacher › über Rauhensteingasse auf Markierung ▭ › nach 200m Abweiger Ruine links › Ruine Rauhenstein › zurück auf Markierung ▭ › bei der 1. Kreuzung links halten und auf ▭ bleiben › nach 1,5km beim Abzweiger Siegenfeld (Bushaltestelle) die Bundestraße überqueren und links auf ▭ ▭ weiter › Schwechat überqueren und links ins »Wegerl durchs Helental« ▭ biegen › nach 1,6km (Kreuzung Eugenvilla) die Schwechat überqueren › durchs Erholungsgebiet Holzrechenplatz zurück
5,2km (2h) | RW | 129hm | einfach
Start: Helenenstraße 37 (Parkplatz), Bushaltestelle Helenenstraße/Aquädukt

MEHR SEHENSWERTES
Buchtipp: An der Quelle sitzen – Badens Schwefel und seine Bäder
ISBN: 978-3-99024-834-8

Beethovenhaus: Museum, in dem Teile der Neunten Symphonie erstanden.
www.beethovenhaus-baden.at

Arnulf Rainer Museum: 2x jährlich wechselnde Ausstellungen im Frauenbad.
www.arnulf-rainer-museum.at

Rollettmuseum Baden: Die wundersame Sammlung des Arztes Anton Franz Rollett und Exponate zur Geschichte Badens.
www.rollettmuseum.at

KulTourweg Baden-Heiligenkreuz-Alland: 26,2km lange Rundwanderung mit 43 historischen Hotspots der Region.

INFORMATIONEN & PLÄNE
Tourist Information Baden
Brusattiplatz 3 (Leopoldbad), Baden
www.tourismus.baden.at

Kurpark Baden

TOUR 5

Bad Vöslau

Spaziergänge durch die herrlichen Gefilde der Seekuh Linda

Direkt an der Thermenlinie am Abhang des Wienerwaldes zum Wiener Becken erwartet uns das entzückende Städtchen, das durch seine heilenden Thermalquellen bekannt ist. Schon die schlauen Römer wussten um die Heilkraft der 660m tief in der Erde liegenden Quelle, weshalb sie nachweislich das Wasser zur Heilung verwendeten. Sehr feudal wird hier nämlich nicht in Milch, sondern in Mineralwasser gebadet: Wer im oberen Basin des Thermalbads Bad Vöslau schwimmt, findet im hinteren Eck die Ursprungsquelle, an der anfangs das Vöslauer Mineralwasser in Flaschen abgefüllt wurde.

Eine Sehkuh namens Linda

Vor 15 Mio. Jahren erstreckte sich hier in Bad Vöslau die Küste eines warmen Meeres, in dem unter vielem anderen Meeresgetier die Seekuh »Linda« lebte. Ihr gut erhaltenes Skelett wurde 2006 in den Weinbergen gefunden und übersiedelte 2009 ins Stadtmuseum. Wer gerne eine fossile Seekuhrippe in Händen halten und sich in eine Zeit entführen lassen will, in der Bad Vöslau noch am Meer lag, besucht einen Vortrag dazu im Stadtmuseum.

ANREISE
2540 Bad Vöslau, NÖ

ÖFFENTLICH
🚆 Wien Meidling Bhf › Bad Vöslau Bhf
Dauer: 0:24; R; fährt täglich

Geologie mit Kängurus

Bei den vielen erdgeschichtlichen Besonderheiten, die uns Bad Vöslau zu bieten hat, liegt es nahe, das Wandergebiet ganz genau zu erkunden. Der »Geologische Lehrpfad« erzählt an 17 Stationen und ausführlichen Stationstafeln über das ehemals tropische Riff Bad Vöslau, die Meeresablagerungen, Brandungsterrassen und Fossilien. Riesige Reibsandhölen, mit zum Teil im Wald verborgenen Eingängen kurz vor Tafel 8, haben uns besonders beeindruckt. Etwas danach

Thermalbad Bad Vöslau

wird der Ausgang dieses Höhlensystems, der »Wilde Ofen« beschrieben. Achtung: Die Tunnel selbst sind leider extrem einsturzgefährdet, weshalb man sie nicht betreten darf.

Aus Grus wurde Sand
Gainfarner Dolmitsand verwendete man einst zum Putzen, oder auch als Bremssand für die Wr. Straßenbahn. Er stammt aus den Höhlen hier im Föhrenwald und dient nun vorwiegend der Bau- und Glasindustrie.

Bennett-Wallabys aus Tasmanien
Am Harzberg angekommen erwartet uns nicht nur die markante »Kaiser-Franz-Joseph-Jubiläumswarte«, die in den Nachtstunden in rotem Licht erstrahlt, sondern auch das »Schutzhaus am Harzberg« mit der kleinen Känguru-Farm. Die wilden Hüpfer dürfen allerdings nicht gestreichelt werden. Für ein paar Kniebeugen zwischendurch sorgt der »Schlumberger-Fitnessparcours«, der unseren Rundweg immer wieder kreuzt.

Reibsandhölen

▌Lange Gasse › auf Markierung GEO › Helenenhöhe › Harzbergbruch › Marschgrube/Roverhütte › Jubiläumswarte am Harzberg › Harzbergstraße
4,6km (1½h) | RW | 193hm | einfach
Start: Lange Gasse 12, Bad Vöslau

WWW-Wanderarena

Vom gemütlichen »Schlumberger Wegerl« (1,6km) durch das Herz von Bad Vöslau bis zum anspruchsvollen »Beethovenwanderweg«, der über die Ruine Merkenstein (20km) führt: die Wein.Wald.Wasser-Wanderarena lässt keine Wünsche offen.

Unsere Tour-Entscheidung fällt auf die orange markierte »Großauer Runde« durch die Weingärten der Gainfarner Bucht. Dabei passieren wir die Fundstelle von »Linda« der Seekuh, machen einen Abstecher zum Poesiepfad »Blickwinkel« und zum »Capitulare-Garten« im Schlosspark Gainfarn.

▌Wanderweg B6 › Oberkirchengasse Schloss Gainfarn › Wasserleitungsgasse › Lindenberg › Großau › Gainfarn › Berggasse › Kurpark
10,8km (3h) | RW | 178hm | mittel
Start: Josefsplatz, Bad Vöslau

MEHR SEHENSWERTES
Schlosspark Bad Vöslau: Baumraritäten wie Riesenplatane, Flügelnuss, Trompetenbaum und Hybridpappel.

Schutzhaus & Kängurufarm Harzberg: *www.harzberg.at*

Stadtmuseum Bad Vöslau: Linda und den Museumsheurigen besuchen. *www.stadtmuseumbadvoeslau.at*

Vöslauer Thermalbad:
In echtem Vöslauer Mineralwasser planschen und beim »Schwimmenden Salon« spannenden Lesungen lauschen. *www.thermalbad-voeslau.at*

Kühne Einblicke
Tour aus dem Buch »WIEN GEHT« *ISBN: 9783950286922*

INFORMATIONEN & PLÄNE
Tourist Info Bad Vöslau
Schlossplatz 1, 2540 Bad Vöslau
www.badvoeslau-tourismus.at

Jubiläumswarte

TOUR 6

Blumau-Neurißhof

Dynamit im Herzen – die vergessene Pulvermetropole

Würden wir uns auf Zeitreise begeben, befänden wir uns genau jetzt im Jahr 1917, während wir Niederösterreichs jüngste Gemeinde durch ein schmiedeeisernes Tor beträten und dabei den »Wohnrayon Blumau« und die prachtvollen Offiziers- und Beamtenwohnhäuser bewunderten, an Privatschule, Turnsaal, Spitalbauten, Labor, Dampfbad und Kasino vorbeischlenderten, um auf dem Gelände der Pulverherstellung zu landen. Damit handelte es sich um die erste Betriebsstätte der riesigen »k.u.k. Pulverfabrik«, die auch die erste staatliche Munitionsfabrik Österreichs war.

Unser Weg führt uns weiter die Ballistitbrücke querend über die Piesting, dabei würden wir von weiteren Industriebauten, die der Sprengstoffproduktion, begrüßt. Wir wären neugierig und durchwanderten auch diese, dabei landeten wir im »Wohnrayon Neurißhof«, der mit einer gewaltigen Feuerwehr, einer mächtigen Kasernenanlage und einer außergewöhnlichen Kirche glänzte, die eigentlich ein Konsumgebäude hätte werden sollen. Der Anblick von rauchenden Schloten nimmt hier in Neurißhof auf unserer

ANREISE
2602 Blumau-Neurißhof, NÖ

ÖFFENTLICH
🚆 Wien Meidling Bhf › Bad Vöslau Bhf (*Sa, So, Fei*) oder Felixdorf Bhf
Dauer: 0:24 bzw. 0:34; R; fährt täglich
🚌 Bad Vöslau › Neurißhof (A.-Rauch-Pl.)
Dauer: 0:18; Bus 311; fährt Sa, So, Fei
🚌 Felixdorf › Neurißhof (A.-Rauch-Pl.)
Dauer: 0:12; Bus 326; fährt Mo-Fr

Reise durch die Vergangenheit kein Ende, denn auf vier weiteren Betriebsstätten der »k.u.k. Pulverfabrik« stößt der Zeitreisende noch: auf die Nitrozellulose-Abteilung, die TNT-Herstellung, die Pikrinsäure- sowie die Kunstsalpeter-Produktion.

Um die 30.000 Beschäftigte schufteten 1917 hier in der »k.u.k. Pulverfabrik«.

Ruinen an der Allee

Die ArbeiterInnen waren größtenteils in Holzbaracken rund um das Gelände angesiedelt und einem hohen Risiko ausgesetzt, denn schwere Explosionen waren an der Tagesordnung. Das Aus kam mit dem Zusammenbruch der Monarchie: Das riesige Unternehmen zerfiel schlagartig und Versuche, die Fabriken für nichtmilitärische Erzeugnisse zu nutzen, scheiterten kläglich. Im II. Weltkrieg wurden zwar einige Produktionsstätten wieder in Betrieb genommen, jedoch der größte Teil der Gebäude verweilte weiter im Dornröschenschlaf. 1945 wurde das Gelände von den Besatzungsmächten beschlagnahmt, das gesamte Inventar abtransportiert und gesprengt, was es noch zu sprengen gab. Seither zeugen über 100 Ruinen und Fundamente vom einstigen Umfang der »k.u.k. Pulverfabrik«. Zur Dokumentation des Jetztstandes hat Jine Knapp eine Karte gezeichnet, die auf *www.wildurb.at/orte/blumau* abrufbar ist. Interessierte können damit

Ruine Kesselhaus

gezielt die Bauwerke wie z.B. das erhaltene Portalgebäude der Kunstsalpeterfabrik oder die vielen Ruinen erkunden – wo dies eben erlaubt ist.

Streifzug durch den größten »Lost Place« Österreichs

❚ Die Tour führt uns vom Ortsteil Neurißhof nach Blumau. Unterwegs begegnen uns die ab 1890 erbauten Gebäude bzw. Ruinen: Feuerwehrstraße › Kasernenstraße › rechts in Hauptallee (entlang dieser sind Ruinen der Pulvererzeugung zu sehen) › auf der Hauptallee weiter durch Blumau › vor Kapelle rechts › nach Kindergarten rechts › Herrenhausweg › Gleiswiesenstraße › vor der Kurve geradeaus in Feldweg › Garnisonsübungsplatz Blumau* › nach 500m links › Piestingbrücke überqueren › geradeaus bis zu einem offenen Platz mit mehrern Ruinen (Sprengstofferzeugung) › rechts auf Weg in den Wald (entlang alter Depots) › nach 500m rechts halten und zurück nach Neurißhof.

4,5km (2h) | RW | 60hm | einfach
Start: Anton-Rauch-Platz (Gemeindeamt)

Öffnungszeiten und Schilder des Garnisonsübungsplatz Blumau beachten: Meist Sa, So und feiertags zugänglich. Eine Begehung ist nur auf gekennzeichneten Strecken erlaubt.

MEHR SEHENSWERTES

Soldatenfriedhof Blumau:
Eindrucksvolles Denk- bzw. Mahnmal für die gefallenen Soldaten beider Weltkriege.
Friedhofsweg, 2602 Blumau-Neurißhof

Schlossruine Pottendorf:
Lost Place in außergewöhnlichem Ambiente und exzellente Fotokulisse, die Kapelle darf betreten werden!
ruine.at/pottendorf.htm

Bioselfstore: Biosupermarkt mit regionalen Produkten, der 24/7 offen hat – betretbar mit Bankomat- oder Kreditkarte.
Raiffeisenplatz 1, 2523 Tattendorf
www.bioself.at

Weinort Tattendorf: Sooo viele gute Heurigenlokale › *www.tattendorf.at*

INFORMATIONEN & PLÄNE

Gemeinde Blumau-Neurißhof
Anton-Rauchplatz 4a
Plan: www.wildurb.at/orte/blumau

Ehemalige Schule mit Kapelle

TOUR 7

Bad Fischau

**Eintauchen in die stillen Elemente:
Wasser und Stein**

Das unter den Kelten mit »Fiskaha« benannte Fischau erhielt erst 1929 das »Prädikat« Bad und ist gemeinsam mit Brunn a. d. Schneebergbahn Teil des Gemeindegebietes am Rande des Wiener Beckens. Bad Fischau-Brunn gehörte unter Karl dem Großen zum nördlichsten Teil seines Reiches, aus dem später Kärnten und die Steiermark hervorgingen. Das war bevor sich hier babenbergische Herzöge zu geheimen Verhandlungen trafen und der einstige Vizekönig Italiens Erzherzog Rainer das Schloss Fischau erwarb und einem prägenden Umbau unterzog. Man munkelt, im Keller des Schlosses hätten Mitglieder eines Geheimbundes versucht Gold herzustellen, nachdem mysteriöse Ritualgegenstände gefunden wurden. Heute befindet sich im Schloss Fischau ein Kunst- und Kulturverein mit beliebtem und umfangreichem Programm.

Sprudelndes Kristall
Die über 100 Jahre alte, romantische Kristalltherme aus ständig durchfließendem, klarem und erfrischendem 19°C-Quellwasser mit überaus belebenden, mineralischen Bestandteilen darf gerechterweise als das Juwel von Bad Fischau-Brunn bezeichnet werden. Die beiden noch mit den ursprünglichen Steinen eingefassten Schwimmbecken liegen zwischen dicken alten Kastanienbäumen, schönen Liegewiesen und Holzkabinen eingebettet im alten Stil der Kaiserzeit.

ANREISE
2721 Bad Fischau-Brunn, NÖ

ÖFFENTLICH
- Wien Meidling Bhf › Wr. Neustadt Hbf
  Dauer: 0:23; railjet; fährt täglich
- Wr. Neustadt Hbf › Bad Fischau Bhf
  Dauer: 0:08; R; fährt täglich

Magische Gegebenheiten
Völlig unverständlich stehen die Fischauer Berge in ihrem Ruf etwas im Schatten der Hohen Wand. Dabei

Marmorsteinbruch Engelsberg

hat die kleine Wanderwelt dort allerhand zu bieten: wunderbare Fernblicke, die ganz unverhofft auftauchen, besinnliche Wege durch duftende Föhrenwälder und den mystischen Engelsberg mit seinem rötlich schimmernden Marmorsteinbruch. Im sogenannten Engelsberger Geotop gibt es aber nicht nur geologische Besonderheiten zu entdecken, sondern auch interessante Skulpturen, die bei den hier jährlich stattfindenden Bildhauersymposien entstanden sind.

Gegen Ende der Reise erwartet uns noch die magische Eisensteinhöhle. Magisch deshalb, weil in ihr eine Thermalquelle sprudelt und der Perlsinter (Kalkablagerung) zauberhafte Formen kreiert. Hier wäre ein romantisches Date von Gnom und Nymphe gut vorstellbar. Führungen durch die zwei Kilometer lange Höhle finden von Mai bis Oktober statt. Aber: Unbedingt auf passende Kleidung achten, denn hinunter geht es über lehmige Stufen und vier Eisenleitern.

Eisensteinhöhle

©Stephan Zenz

▍ Rastplatz am Ende der Redengasse ›
Markierung ▭ am Waldrand entlang
› Weingartenstraße für 500m bis Abzweiger › rechts auf Markierung ▭
› nach 800m Kreuzung › geradeaus
auf ▭ bleiben › Weggabelung › links
▭ ▪ am Geotop Engelsberg vorbei
› rechts hinauf und rechts halten ›
Kreuzung › erneut rechts auf ▭ ▪ ›
Wegweiser Größenberg ▭ › Kreuzung
nach Gipfelkreuz › rechts auf ▭ und
für 1,8km folgen › Kreuzung › links
auf ▭ wechseln › Eisensteinhöhle ›
Pfad zum Mühlhoferweg › Ob. Burggasse › Bergstraße › Redengasse

7,7km (2¾h) | RW | 387hm | einfach
Start: Redengasse 3, Brunn

Aussichtsreicher Blumberg

Wer sich in der Stille der Natur aalen
möchte, dem sei der Waldlehrpfad –
mit tollem Weitblick am Kaiserstein
rund um den Blumberg empfohlen.

▍ Markierung Waldlehrpfad WLP folgen
› nach 1,2km Abstecher auf Vogelkundeweg VKW (kleine Runde) › danach weiter auf Waldlehrpfad WLP ›
Kaiserstein › Elefanten-Spielplatz

2,3km (¾h) | RW | 105hm | einfach
Start: Theodor-Wichmann-G. 10, Fischau

MEHR SEHENSWERTES

Eisensteinhöhle: 2300m lange, schachtartige Höhle. Führungen Mai-Oktober.
Führungskalender: eisensteinhoehle.at

Fischauer Vorberge-Radweg:
Streckenlänge: 27km; Start am Hauptbahnhof Wr. Neustadt › Zehnergasse ›
Dreipappelstraße › Bad Fischau-Brunn ›
alte Weinberg-Straße › Weikersdorf › durch
den Föhrenwald retour nach Wr. Neustadt;

Schloss Fischau: Literatur im Schloss –
Autoren treffen, Lesungen lauschen und
selber schreiben (Schreibwerkstatt);
www.schloss-fischau.at

Kristalltherme: Kaiserlich baden und
saunieren oder sich kulinarisch verwöhnen lassen: *www.fischauer-thermalbad.at*

INFORMATIONEN & PLÄNE

Gemeindeamt Bad Fischau
Hauptstraße 2/3, Bad Fischau-Brunn
www.bad-fischau-brunn.at

Bad Fischaus kristallklares Wasser

TOUR 8

Berndorf

Im Herzen des Triestingtals: Baukunst im Namen der Liebe

Eine Tradition der gehobenen Tisch- und Tafelkultur wurde vor allem von Kaiserin Sisi geprägt, die den stilvoll gedeckten Tisch als Schauplatz gesellschaftlicher Ereignisse zelebrierte und somit maßgeblich für den weltweiten Durchbruch der industriellen Besteckerzeugung, die 1843 hier im Triestingtaler Berndorf mit der Gründung der Berndorfer Metallwarenfabrik begann, verantwortlich war.

Dass Berndorf Weltruf erlangte, dafür sorgte der Vater der Krupp-Dynastie: Alfred Krupp, der mit seinem Bruder Hermann gemeinsam ein Walzverfahren entwickelte, um Besteck industriell zu fertigen. Als Hermann starb, übernahm sein Sohn Arthur mit 23 Jahren die Leitung des Betriebes und weil Arthurs spätere Ehefrau Margarete die Wiener Peterskirche so schön fand, baute ihr Arthur als Zeichen seiner Zuneigung mitten in Berndorf einfach eine nach. So muss wahre Liebe sein!

Berndorf von oben

Der Guglzipf ist ein kleines »Bergerl« umgeben vom Föhrenwald direkt am Fuße von Berndorf. Wir absolvieren dabei die 14 Stationen des Waldlehrpfades – einem Rundwanderweg, der sowohl hinauf zur Jubiläumswarte und dem Restaurant Waldhütte mit angeschlossener Naturkegelbahn führt, als auch wieder hinunter. Dabei passieren wir auch den »Krupp Tempel«, den Arthur zu Ehren seines Vaters 1910 errichten ließ. Vom kleinen ionischen Säulentempel aus hat man einen wunderbaren Blick über das liebliche Städtchen Berndorf.

ANREISE
2560 Berndorf, NÖ

ÖFFENTLICH
- Wien Meidling › Leobersdorf Bhf
  Dauer: 0:27; R; fährt täglich
- Leobersdorf Bhf › Berndorf Stadt Bhf
  Dauer: 0:19; R; fährt täglich

Am Weg auf den Guglzipf

▎Eingang durch Holzportal »Waldlehrpfad Guglzipf« › der Markierung des Lehrpfades (Rundwanderweg) folgen; Aufstieg über Mühlsteig 🟥 › Rückweg über Sängersteig 🟨.

3km (1h) | RW | 176hm | mittel
Start: Bahnhofstraße 10, Berndorf

Innovative Schulidee
In Schulzimmern, die in 12 klassischen Baustilen gestaltet sind, soll das Kunstgefühl bereits im Kinde geweckt werden, fand Arthur Krupp und erbaute deswegen, innovativ wie er war, die Berndorfer Stilklassen. Die Reise geht vom alten Ägypten bis in die Klassik nach Versailles und fängt mit jedem Zimmer den Zeitgeist einer Epoche ein.

Kulturschlendern
Nach einer Besteigung des Guglzipfs, wo wir Berndorf bereits von oben betrachten konnten, bietet sich ein kleiner Rundgang durch das größtenteils von Ludwig Baumann erschaffene bauliche Ensemble an.

Krupp Tempel

Zwei Sehenswürdigkeiten sind dabei besonders erwähnenswert: zum einen der Bereich zwischen dem Kislinger- und dem J.-F.-Kennedy-Platz: Hier präsentieren sich unter anderem das Stadttheater im Geist der Wiener Ringstraßen-Renaissance, die Marienkirche im neugotischen Stil sowie das »krupp stadt museum« untergebracht in einer ehemaligen Wurstfabrik. Zum anderen die Katholische Kirche Berndorf-St. Margareta: das offizielle Wahrzeichen von Berndorf. Gleich nebenan am Margaretenplatz finden sich die Berndorfer Stilklassen Alle jene, die den berühmten Berndorfer Bären – Wehrbär genannt – suchen, er brummt in unmittelbarer Nähe: in seiner Bärenhöhle in der Idagasse.

Detaillierter Stadtplan im Tourismusbüro sowie im »krupp stadt museum« erhältlich.

Triesting-Gölsental Radweg

Der R42 ist eine 60km lange Verbindung zwischen Thermen- und Traisental-Radweg. Flussabwärts geht's von Kaumberg nach Leobersdorf, begleitet von Kulturjuwelen wie Berndorf, der Ruine Araburg, Klein-Mariazell und idyllischen Plätzen entlang der Triesting.

MEHR SEHENSWERTES

krupp stadt museum BERNDORF:
Auf den Spuren der Krupp-Dynastie
www.kruppstadt-berndorf.at

Berndorfer Stilklassen: Zwei Schulen mit 12 besonderen Klassenzimmern; *Margaretenplatz 2 und 5, Berndorf*

Stadtmarkt: Jeden ersten Samstag im Monat gibt es in der Fußgängerzone regionale Schmankerl zu erstehen.

Waldhütte am Guglzipf: Selbstgemachte Käsekrainer, Berner Würstel und so... *www.guglzipf.com*

Mehr Bewegung: Natureislaufplatz ab -5°C (Alleegasse); Langlaufen von Berndorf bis Schwarzensee (Triestingtalloipe); Erlebnisbad Centrelax (Freibad mit Sauna)

INFORMATIONEN & PLÄNE

kult-tour im Zentrum, Alexanderstr. 7 und krupp stadt museum, Bahnhofstr. 4
www.kruppstadt-berndorf.at

Marienkirche, Kreuzweg von Franz Drapela

TOUR 9

Muggendorf

**Auf Kaisers Wegen:
Wilde Wasserwelten im Piestingtal**

Einst Provinz Pannoniens im Tal des Myrabaches und zu den Füßen des Haussteins gelegen, erwartet uns hier 90,6% Wald und ungestümes Wasser. Wenn im Frühjahr nach der Schneeschmelze und im Sommer nach mehreren Regentagen das Wasser durch die Schlucht tost, handelt es sich dabei um ein eindrucksvolles Schauspiel in einer der urigsten Karstklammen, der Steinwandklamm. Die seit 130 Jahren begehbare Klamm fand unter den ersten Besuchern allerlei Prominenz, wie die Kronprinzessin Stefanie oder der Kaiser höchstpersönlich. Auch wenn die Klamm nicht immer Wasser führt, bleibt die schattige Schlucht eine für die heißen Sommermonate herrliche Abkühlungsdestination.

Adrenalin pur!
Außer dem normalen Weg über Treppen und Brückchen gibt es für die Abenteuerlustigen unter euch die Variante über den Rudolf Decker-Steig. Die hohen, metallenen Leitern hochzuklettern und Höhlen zu durchqueren kann das Adrenalin herrlich in die Höhe schnellen lassen. Gegen Ende der Wanderung erreichen wir das Türkenloch, in der sich Einheimische einst vor den Belagerern versteckten, jedoch entdeckt und getötet wurden.

ANREISE
2763 Muggendorf, NÖ

ÖFFENTLICH
- Wr. Neustadt Hbf › Pernitz-Muggendorf
  Dauer: 0:48; R; fährt täglich
- Pernitz-Muggend. › Muggend. Myrafälle
  Dauer: 0:07; Bus 332; fährt täglich

▌Jausenstation Reischer › Steinwandklamm (Franzis Hütte) › Markierung 🟦 folgen › Abzweiger Rudolf Decker-Steig 🟥 oder weiter auf 🟦 › Gasthof Jagasitz › auf 🟨 zurück zur Jausenstation Reischer

2,6km (1h) | RW | 203hm | mittel
Start: Steinwandgraben 22, Furth/Triesting
Bus 319 und AST TriXi täglich zwischen Weissenbach-Neuhaus & Furth Schromenau

Steinwandklamm, Türkenloch

Mozarts sanfte Grüße

Das glasklare Gebirgswasser der Myra, das über schroffe Felsen fällt und über moosbewachsene Stämme plätschert, reinigt sofort sämtliche Sinne. Und vor allem dem Gehör sollte man ein Ohr schenken, denn dem Bach begegnen wir bei dieser Tour über die Myrafälle in verschiedensten Geräuschvariationen, als wäre es Mozarts Zauberflöte oder doch eher Drum and Bass: rauschend, plätschernd, tosend, rythmisch, ruhig und schließlich beim Myrateich eine wohltuende Stille, die uns alle Sorgen vergessen lässt. Den Rückweg nehmen wir über den Hausstein. Gipfelkreuz und Gipfelblick inklusive. Kinder erwartet zudem ein Paradies zum Klettern und ein großartiger Wasserspielplatz mit Floßfahrt.

▍Gasthaus Myra-Stubn › Myrafälle › auf 🟥 entlang des Myrabaches bis Karnerwirt › der Straße 200m weiter folgen › Abzweiger Hausstein › links bergauf auf 🟥 › Haussteinwiese › Ab-

Blick vom Hausstein

zweiger Hausstein › Hausstein Gipfel › zurück zum Abzweiger › links auf 🟥 WAB weiter › Abzweiger Muggendorf/Wildgehege › Myra Stubn

3,5km (1¾h) | RW | 179hm | einfach
Start: Myrafälle 1 (Myra Stubn)

Lost Place im Wienerwald

Das ehemalige, erfolgreiche Lungensanatorium für Promis wie Kafka und Seipel, ab 1938 dann Geburtshaus für uneheliche Nazikinder oder als Hotel Feichtenbach bekannt, hat eine bewegte Vergangenheit hinter sich. Vollkommen leer und eine seltsame Aura verströmend steht das Gebäude mitten im Wienerwald. Jüngst wird sogar von Geistersichtungen berichtet. Gruselig! Reingehen ist leider verboten!

Feichtenbach bei Pernitz,
Privatgrund am Beginn der Geyerstraße

MEHR SEHENSWERTES

Wander- und Wasserwelt Myrafälle:
Es sprudelt und spritzt, wenn der Myrabach die Klamm hinuntertobt.
www.myrafaelle.at

Naturschneeparadies Unterberg:
16 Pistenkilometer, 4 Schlepplifte, Kinderskiland und Funpark;
www.schigebiet-unterberg.at

Gauermann Museum: Mit Originalgemälden des Künstlers sowie Kräuterschaugarten am Gauermann Rundwanderweg;
www.gauermannmuseum.at

Waldlehrpfad Muggendorf:
60 verschiedene Arten von Gehölzern sind auf dem 2km langen Rundweg zu finden. Start: Gemeindezentrum

INFORMATIONEN & PLÄNE

In den umliegenden Gasthäusern sowie unter: *www.myrafaelle.at* und *www.steinwandklamm.at*

Ruine »Sanatorium am Wienerwald«

Rudolf-Decker-Steig

TOUR 10

Puchberg

Am Fuße des höchsten Berges von Niederösterreich

»Schau da drüben, der Schneeberg«, so der »Austria Wien«-Fan von der Loge der Generali-Arena im 10. Wr. Gemeindebezirk aus. Majestätisch thront der »Kaiser der Wiener Alpen« über dem kleinen Kurort Puchberg und ihn von der Weite aus zu erblicken schenkt dem Betrachter des 2.076m hohen Bergmassivs jederzeit ein Lächeln. In einem Talkessel im südlichen Niederösterreich gelegen, gilt die Gemeinde Puchberg als Hotspot erster Güte für Bergsteiger, Kletterer, Wanderer, Tourengeher und überhaupt alle Sportbegeisterte. Mit einem Hochseilgarten, der Burgruine Puchberg, der Burg Losenheim, dem Sebastian-Wasserfall oder dem Naturteich im Puchberger Zentrum und vor allem der Salamander-Bergbahn und den Schneeberg-Sesselliften rockt jeder freie Tag, den man hier verbringen mag.

ANREISE
2734 Puchberg am Schneeberg, NÖ

ÖFFENTLICH
- Wien Meidling Bhf › Wr. Neustadt Hbf *Dauer: 0:23; railjet; fährt täglich*
- Wr. Neustadt Hbf › Puchberg/Schneeberg Bhf; *Dauer: 0:47; R; fährt täglich*

Über des »Kaisers« Plateau
Um einen Geheimtipp handelt es sich beim Wandern am Schneeberg nicht und doch ist es trotzdem immer wieder ein besonderes Erlebnis: sei's die Aussicht aufs Umland vom höchsten Berg Niederösterreichs aus oder eine Fahrt mit der entzückenden Salamanderbahn, mit der sich's gemütlich in 40 Minuten auf die Bergstation kutschieren lässt - oder man geht: in etwa 3½h den Zahnradbahnwanderweg hinauf. Oben angekommen gibt es nicht nur einen atemberaubenden Ausblick – besonders vom Gruselplatz aus (Felsvorsprung vor dem Berghaus Hochschneeberg) – sondern auch die Galerie »TOP ART 1800« mit Bildern von Voka oder etwas unterhalb das süße Elisabethkircherl zu bestaunen.

Elisabethkircherl

©petrattu - Fotolia.com

Und alle, die mehr von der klaren Höhenluft möchten, machen sich auf zur »Hochschneeberg Plateauwanderung«. Die Wanderung ist zwar relativ einfach, jedoch wird das Klima in diesen Höhen leicht unterschätzt. Selbst wenn im Tal unten einer dieser Hundstage ist, kann oben ein eisiger, kalter Wind wehen. Wichtig deswegen: immer Jacke, Pullover, lange Hose, Haube einpacken und, eh klar, unbedingt Wanderschuhe anziehen. Gams & Co erwarten euch!

▎Bergstation 🟩 › Damböckhaus › Abzweiger Klosterwappen 🟨 › Klosterwappen (Hochschneeberg) › Fischerhütte 🟩 › Damböckhaus 🟥 › Waxriegel-Umrundung › Bergstation
6,8km (2¾h) | RW | 366hm | mittel
Start: Bergstation Schneebergbahn

Dramatisches mit Aussicht
Wer Wasser dem Hochgebirge vorzieht, begibt sich zum Forellenhof (Busstation) im Ortsteil Losenheim, wo auch die Schneeberg-Sesselbahn

Schneebergbahn (Salamander Triebwagenzug)

zur Enzianhütte startet, und genießt ein besonderes Naturschauspiel: den Sebastianfall. Sein Wasser rauscht in Kaskaden 70m in die Tiefe. Von dort folgen wir dem Bacherl entlang zu den Mamauwiesen, wo Kühe leckere Gräser schnabulieren dürfen. Hungrige und durstige Wandersleut kehren im Berggasthof ein und zum Ausklang der Tour gibts beim Forellenhof für alle, die gerne ins Schwarze treffen, einen Bogenparcours inklusive Aussicht auf die Ruine Losenheim.

▌Forellenhof › 400m der Losenheimer Straße (Richtung Ruine) folgen › links auf Wanderweg 🟨 biegen › dem Bach entlang bis Sonnleiten › Wasserfall Wirt › Sebastianfall › auf 🟨 dem Sebastianbach folgen bis zur Brücke (1,6km) › überqueren und Wegweiser zur Mamauwiesen-Alm 🟥 (Gasthof) folgen › vom Gasthof Mamauwiesen zurück zur Brücke (nicht mehr überqueren) › auf 🟥 Richtung Losenheim › kurz vor dem Gscheiderhof neben dem Losenheimer Bach links einbiegen › auf 🟦 zurück zum Forellenhof
7,6km (3½h) | RW | 367hm | mittel
Start: Losenheimer Str. 132 (Forellenhof);
Haltestelle Losenheim, Bus 350 täglich
ab Puchberg Bhf

MEHR SEHENSWERTES
Schneebergbahn: Seit 1897 klettert die Zahnradbahn zum Bergbahnhof Hochschneeberg hinauf. Der »Salamander« fährt täglich von Ende April bis Ende Oktober. Nostalgische Dampfzugfahrten gibt's im Hochsommer an Sonn- und Feiertagen. *www.schneebergbahn.at*

Marille oder Powidl? An der 1.322m hoch gelegenen Schneebergbahn-Station Baumgartner flaumige Buchteln genießen.

Puchis Welt: Familien-, Freizeit- und Naturparadies in Puchberg/Losenheim: Wunderwiese mit Wiesenflitzer & Co., Schneeberg Sesselbahn zur Enzianhütte und im Winter anfängerfreundliche Pisten; *www.puchis-welt.at*

INFORMATIONEN & PLÄNE
Tourismusbüro Puchberg am Schneeberg Sticklergasse 3 oder Tourismusportal am Bahnhof, *www.puchberg.at*

Sebastianfall

TOUR 11

Mönichkirchen

Im Höhenluftkurort frische Meeresluft atmen

Seit der Jahrhundertwende ist Mönichkirchen als Höhenluftkurort bekannt und die Villen und Glanzbauten aus der Kaiserzeit, die hier immer noch stehen, lassen wohl vermuten, dass der Hofstaat des Kaiserreiches zur Kur auf Besuch kam, um es sich hier gut gehen zu lassen. Mit der Eröffnung der Wechselbahn kam dann 1881 erstmals der Tourismus in die Lande und ist seit dem späten Mittelalter Mönichkirchen als ältester Marien-Wallfahrtsort bekannt, so erwartet uns hier mit der Almschaukel Mariensee und sommers wie winters mit der Schischaukel Mönichkirchen-Mariensee eine saisonübergreifende Wochenendlokation. Ein, oberflächlich betrachtet wie es scheint, eher unspektakuläres Örtchen, aber mit Ah- und Oh-Surpriseeffekt!

»Aufi« zur Almschaukel

Der erste der beiden erlebnisreichen Themenwege »Lebenswasser« führt über den Wasserpark Mönichkirchen, wo mittels Kneippbecken der Kreislauf in Schwung gebracht oder im Salaërium die Lunge mit Meeresluft gefüllt werden kann. Am Waldweg zum 1.200m hohen Mönichkirchner Schwaig

ANREISE
2872 Mönichkirchen, NÖ

ÖFFENTLICH
- Wr. Neustadt Hbf › Aspang Bhf
  Dauer: 0:27; REX; fährt täglich
- Aspang Bhf › Mönichkirchen Hotel Thier
  Dauer: 0:20; Bus 371; fährt täglich
- oder Aspang Bhf › Mariensee Almbauer
  Dauer: 0:25; Bus 372; Mai-Okt. täglich

treffen wir im weiteren Verlauf auf eine Schauquelle, ein Biotop und einen Beschneiungsteich. Oben wartet der Enzianwirt mit Panoramablick und der Berggasthof mit Streichelzoo. Hier gibts auch urige Almhütten zu mieten. Für den Abstieg kann man wählen: Full Speed mittels Roller oder Mountaincart, gemütlich mit dem Sessellift oder einfach per pedes dem Weg entlang der Rollerbahn folgen.

Wasserpark

▌Sonnenhof › Wasserpark › Markierung »Lebenswasser« oder WAP NLW Richtung Mönichkirchner Schwaig
2,4km (1¼h) | RW | 185hm | einfach
Start: Mönichkirchen 290 (Sonnenhof)

Der zweite Themenweg, der Lehrpfad »Erlebnis Wildwasser«, startet beim Feuchtbiotop Mariensee und führt entlang des Pestingbaches zu einem tosenden Wasserfall. Unterwegs treffen wir auf Kuriositäten wie den Orgelbaum, die Blitzbuche und den Spechtbaum. Last but not least erreichen wir die Marienseer Schwaig mit einer Almhütte, wo es haus- bzw. almeigene Produkte zu schnabulieren gibt.

▌Biotop › auf Markierung »Erlebnis Wildwasser« (den Bach entlang) bis zum Wasserfall › über Himmelsstiege aus dem Graben › Abzweiger zur Marienseer Schwaig (Hütte) › zurück über 51 (Schindelsteig) › Biotop
6,6km (2½h) | RW | 497hm | mittel
Start: Biotop ca. 2,5km nach Mariensee

Wildwasserweg

Kaltes Grab am Niederwechsel

In seinen wildesten Zeiten wechselte der Gipfel des Hochwechsels beinahe täglich seinen Besitzer. Der Grund: Von April 1945 bis zum Ende des II. Weltkriegs kam es zu erbitterten Kämpfen zwischen deutschen und russischen Soldaten im Wechselgebiet. An manchen Tagen wurden bis zu 4.000 Granateinschläge gezählt. Diese Kämpfe waren eine der letzten Auseinandersetzungen des Krieges und fanden erst mit der Kapitulation des Deutschen Reiches ein Ende. Wir genießen nun zum Glück die Ruhe und den Frieden in dieser bezaubernden Landschaft und doch erinnern uns der Heldenfriedhof am Niederwechsel und ein russisches Grab (Vorauer Schwaig) an die Unruhen von damals.

▌ Mönichkirchner Schwaig (Bergstation Sessellift) › auf Markierung `02` bzw. `WAP` über Hallerhaus (Hütte), Stoa Alm, Steinerne Stiege › Niederwechsel (Heldenfriedhof) › Rückweg auf ▭ zur Vorauer Schwaig (Hütte) › auf `924` über Studentenkreuz › Mönichkirchen (Talstation Sessellift)
12,7km (4¾h) | RW | 561hm | schwer
Start: Bergstation Sessellift (Mönichkirchner Schwaig)

MEHR SEHENSWERTES

Johannesbachklamm: Moosbewachsen, kühl und ruhig präsentiert sich die 1km lange Schlucht. Uriger Adventmarkt.
Willendorfer Straße 150, Würflach

Hamari Kletterpark Mönichkirchen
Kletterparadies mit drei langen Flying Fox Parcours und ein 50m langer Kinder-Flying Fox! *www.hamari.at*

Erzherzog Johann Modellpark: 4000m² Modellbau erzählen von der Zeit, als Erzherzog Johann von Österreich regierte. Für Kids gibts nebenan ein Märchenland
Cafe Kernstockhaus, Mönichkirchen

Erlebnisalm Mönichkirchen: Im Sommer Mountaincartbahn fahren, im Winter Skifahren; *www.schischaukel.net*

INFORMATIONEN & PLÄNE

In den umliegenden Gastbetrieben sowie an der Sesselliftes Station
www.schischaukel.net

Wasserspiele

TOUR 12

Kirchberg

Das Wanderdorf mit den unverWECHSELbaren Schwaigen

In Kyrperk ging es wild zu. Angeblich wütete mehrmals die Pest oder sonst eine Seuche und auch die Türken belagerten den Ort mehrmals, weswegen irgendwann dann nur mehr drei Schwestern dort lebten und sogar denen wurde es irgendwann zu bunt und sie flüchteten in die Steiermark. Von Brandschatzungen und Hochwasserkatastrophen ist die Rede und von einer Sage über den Bau der Wolfgangkirche, bei dem angeblich der Teufel höchstpersönlich seine Hände mit im Spiel hatte. Viel später soll Ludwig Wittgenstein in der Gegend am Fuße des Wechsels als Volksschullehrer unterrichtet haben und heute erwarten uns hier die unverwechselbaren Schwaigen mit ihrer bühnenreifen Aussicht und Köstlichkeiten aus der Region.

Am Wiener Alpenbogen
Dem aufmerksamen Leser ist die Markierung WAB in diesem Buch sicher nicht entgangen, denn wir kreuzen den »Weg am Wiener Alpenbogen« mehrmals. Der mit dem blauen Logo markierte Weg ist in 19 Etappen unterteilt und stolze 300km lang. Offizieller Start ist beim Katzelsdorfer Schloss und das Ende in Bad Fischau.

ANREISE
2880 Kirchberg am Wechsel, NÖ

ÖFFENTLICH
🚆 Wien Meidling Bhf › Gloggnitz Bhf
   Dauer: 1:21; R; fährt täglich
🚆 Gloggnitz Bhf › Kirchberg/Hotel Post
   Dauer: 0:25; Bus 367; fährt täglich

Die markanten Burgen der Buckligen Welt, die romantischen Almen entlang des Wechsels, die hochalpinen Routen von Rax und Schneeberg sowie die Biedermeier-Schmankerln im Piestingtal gehören zu den Highlights. Wer nun nicht unbedingt 2 Wochen weitwandern möchte, dem sei gesagt, dass auch jede Etappe für sich begehbar ist und über einen eigenen »Wanderstartplatz« mit Landkarte und Wegverlauf verfügt. Zusätzlich finden sich entlang

Wolfgangkirche Kirchberg

des »Weges am Wiener Alpenbogen« 21 regionale Touren (grünes Logo).

Eine davon führt von Kirchberg ins Wallfahrtsörtchen Maria Schutz. Nach einem kurzen Aufstieg führt es gemütlich über einen Höhenrücken mit herrlichen Ausblicken. Unterwegs treffen wir auf den Ramswirt mit dem berühmten Zuchtstier »Ramsi«, bevor wir unser Endziel, das sogenannte »Juwel des Semmeringgebietes«, Maria Schutz erreichen.

▌Vom Gemeindeamt auf 🟥 WAB zur Pfarrkirche St. Jakob, Kalvarienberg (möglicher 60m-Abstecher zur Kernstockwarte) › Karlshöhe › nach links auf 01A WAB E4 › Ramswirt › Raach am Hochgebirge › Schlagl › Schanzkapelle › Baustelle Göstritz (Semmeringtunnel) › Göstritzbachgraben › kurz vor Göstritz nach links › Maria Schutz (Busverbindung zum Semmering oder Bahnhof Payerbach)

14,8km (5h) | SW | 734hm | schwer
Start: Gemeindeamt Kirchberg

Feistritzer Schwaig
©Wiener Alpen/Christian Kremsl

Kasnocken, Strudel & Co

Kirchberg hat besonders viele, idyllische Schwaigen. So nennen sich hier die Almen, auf denen meist zünftiges Essen serviert wird. Auf dieser Tour wandern wir von einer Schwaig zur nächsten und stärken uns zwischenzeitlich mit Schmankerln aus der regionalen Küche. Denn »auf da Oim gibt's koa Sünd!«

▌Steyersberger Schwaig › Markierung 834 ● › Kranichberger Schwaig (Einkehrmöglichkeit) › Dreiländereck › auf 834 weiter › Weggabelung Arabichl › rechts zum Steinernen Kreuz › nach 500m rechts auf VFS wechseln › Feistritzer Schwaig (Einkehrmöglichkeit) › auf ● über die Feistritzer Alpe › nach 600m Wegkreuzung › geradeaus auf ● › Steyersberger Schwaig
8,2km (3h) | RW | 300hm | mittel
Start: Steyersberger Schwaig, Kirchberg

Familienerlebnisse

Im Nachtbarort St. Corona wartet der Corona Coaster (Sommerrodelbahn), ein lehrreicher »Ameisenpfad« mit Spielzone sowie der Motorikpark für angehende Balancierweltmeister.
www.erlebnisarena.at

MEHR SEHENSWERTES

Hermannshöhle: Sehenswertes Naturdenkmal mit prächtigen Tropfsteingebilden. Tipp: Fledermaus-Spezial-Abend
www.hermannshoehle.at

Ramswirt: Speisen aus eigener Landwirtschaft, Komfortzimmer, Erlebnisspielplatz, Bullenrodeo; *www.ramswirt.at*

Museumsmühle: Wie früher Mehl gemahlen wurde, erzählt der Mühlenprofessor.
Tratten 36, Kirchberg am Wechsel

Kernstockwarte: Perfekte Aussicht über Feistritztal, Rax und Schneeberg.
Am Wolfenkogel, Kirchberg am Wechsel

Wiener Alpen App: Wegweiser durch die Wiener Alpen; Download im App Store: *www.wieneralpen.at*

INFORMATIONEN & PLÄNE

Tourismusbüro Kirchberg und in den umliegenden Gastbetrieben
www.kirchberg-am-wechsel.at

Themenweg Hermannshöhle

TOUR 13

Semmering

Luftgenuss mit prominenter Eisenbahngeschichte

Um dem städtischen Feinstaub zu entfliehen, ist uns ein Ausflug in den heilklimatischen Höhenluftkurort Semmering gerade recht. Die klare Bergluft auf 1.000m Höhe ist nämlich schadstofffrei und in Kombination mit der atemberaubenden Landschaftskulisse an der südlichen Grenze zur Steiermark Ziel nicht nur von ehrenwerten Kaisern und Königen, sondern auch von bekannten Künstlern und allerlei anderen »feinen Herrschaften«, die hier ihre Sommer verbrachten. Loos, Kokoschka, Altenberg und Konsorten sind nur einige der wirklich berühmten Persönlichkeiten, die dem mondänen Kurort seinen Ruf und sein Lebensgefühl verliehen.

Berühmte Unterkünfte wie das Südbahnhotel oder das Kurhaus Semmering waren Magnet und Kultur-Hotspot für die noble Gesellschaft und mit dem Bau der Semmeringbahn 1854 für alle Welt, aber vor allem für die nur 80km entfernten WienerInnen einfach und relativ schnell erreichbar. Der Ort blühte auf und war in aller Munde. Heute kennt man ihn hauptsächlich als Naherholungs-, Ausflugs- und Skigebiet.

ANREISE
2680 Semmering-Kurort, NÖ

ÖFFENTLICH
🚆 Wien Meidling Bhf › Semmering Bhf
Dauer: 1:09; railjet; fährt täglich

Der 20-Schilling-Blick
Nostalgiker erinnern sich noch gut an die Rückseite des 20-Schilling-Scheins, auf dem das imposante »Kalte-Rinne-Viadukt« an der Semmeringbahn abgebildet war. Um eben diesen prominenten Aussichtspunkt zu erreichen, wandern wir heute am Bahnwanderweg von Semmering nach Breitenstein und lassen uns dabei von bautechnischen Schönheiten wie dem Krauselklause- und dem Fleischmann-Viadukt, von Gebäuden aus der Zeit der Monarchie und dem Ghega Mu-

Kalte-Rinne-Viadukt

seum kurz vor Breitenstein begleiten. Carl Ritter von Ghega war es nämlich, der die Semmeringbahn plante, weswegen man ihm zu Ehren in einem ehemaligen Bahnwärterhaus das Ghega Museum einrichtete. Die Bahn gehört mittlerweile zum UNESCO Weltkulturerbe und seit 1854 fahren Züge über diesen sogenannten »Meilenstein der Eisenbahngeschichte«, den wir bei der Rückfahrt von Breitenstein nach Semmering genießen dürfen. Ein echtes Muss!

▌Bahnhof Semmering › Markierung »Bahnwanderweg« entlang der Gleise › Bahnstation Wolfsbergkogel › Kurhaus Semmering › Doppelreiterwarte › 20-Schilling-Blick › Fleischmann-/Unteres-Adlitzgraben-Viadukt › Roter Berg › Ghega-Museum › Kalte Rinne Straße › Kalte-Rinne-Viadukt › Krauselklause-Viadukt › Gedenkstein Sedlak › Bahnhof Breitenstein › Rückfahrt mit Semmeringbahn

9,6km (3½h) | RW | 340hm | mittel
Start: Bahnhof Semmering

Südbahnhotel mit ungewisser Zukunft

Panoramawandern

Wer Dopamin tanken will und einmalige Panoramablickpunkte schätzt, der fährt mit der Zauberberg-Kabinenbahn hinauf zur Bergstation Hirschenkogel, genießt oben die 25m hohe Warte und geht dann die aussichtsreiche Tour weiter zum Sonnwendstein, auf dessen Gipfel auf 1.523m Höhe ein entzückendes Bergkircherl wartet. Wer bremst verliert – zumindest an Geschwindigkeit, wenn er dann mit dem Monsterroller wieder talwärts saust.

▎Auffahrt mit der Zauberberg Kabinenbahn › Bergstation Hirschenkogel › auf Markierung ▬ (Gipfelrunde) Richtung Südosten › nach 400m Kreuzung › rechts auf `834` `WAB` über Kammweg › Dürriegel › Erzkogel › Markierung verlassen und Wegweiser in Richtung Sonnwendstein/Pollereshütte folgen › Peter Hütte › Pollereshütte › Kapelle Sonnwendstein › zurück zur Pollereshütte › für 400m auf Gebirgsjägersteig › Kreuzung › links auf ▬ Almrosensteig weiter bis Peter Hütte › rechts auf Forststraße ▬ biegen und zurück zum Hirschenkogel
8,6km (3¼h) | RW | 480hm | mittel
Start: Bergstation Hirschenkogel

MEHR SEHENSWERTES
Audiotour: Carl Ritter von Ghega erzählt ausführlichst seine Geschichten entlang des Bahnwanderweges: *www.semmering.at/AUDIO_TOUR_am_Bahnwanderweg*

Zauberberg Semmering: Infos über Winter- und Sommerbetriebszeiten der Bergbahnen: *www.semmering.com*

Südbahnmuseum Mürzzuschlag: In zwei Lokomotivhallen wird Eisenbahngeschichte erzählt; Sonderausstellungen! *www.suedbahnmuseum.at*

Gasthaus Sonnblick: Pit Pat und Minigolf-Anlage; Streichelzoo mit Ziegen, Kaninchen und Meerschweinchen; *Hochstraße 28-29, Semmering*

INFORMATIONEN & PLÄNE
Touristeninformation
Hochstraße 1, Semmering-Kurort
www.semmering.com

Downhill-Paradies Zauberberg

TOUR 14

Reichenau

Auf den Spuren Nestroys & Schnitzlers – dem Himmel und der Hölle nah

Die Atmosphäre des »Fin de Siecle«, einer kulturellen Bewegung der Jahrhundertwende (1896-1910), in der die ersten Avantgarden aller Sparten der Künste ihren Ursprung hatten, prägte den Ort und seine Umgebung. Dreh- und Angelpunkt war das ehemalige Grandhotel Thalhof, das Literaturgranaten wie Schnitzler, Nestroy, Grillparzer, Altenberg & Co als Geburtsstätte ihrer Gedanken und Geschichten diente. Olga Waissnix, die berühmte und von vielen Dichtern verehrte Hotelière und ehm. Wirtin des Thalhofs dürfte eine tragende Rolle dabei gespielt haben. Heute gilt das frisch renovierte Appartment Hotel Thalhof in Reichenau an der Rax als Geheimtipp.

Himmel in Reichweite

Obwohl das Wandern am Rax-Plateau schon längst in aller Munde ist, hat dieser beliebte Berg an den Ausläufern der Wiener Alpen im Laufe der Zeit nichts an Zauber verloren. Von der frischen Bergbrise begrüßt, starten wir eine recht einfache Variante über den Kammweg zur Seehütte und zurück über den Seeweg. Allerdings sind wir hier auf fast 1.700m, weshalb wir die FlipFlops zuhause lassen und statt-

ANREISE
2651 Reichenau an der Rax, NÖ

ÖFFENTLICH
- Wr. Neustadt Hbf › Payerbach-Reichenau Bhf; *Dauer: 0:33; R; fährt täglich*
- Payerbach-Reichenau Bhf › Reichenau oder Hirschwang; *Bus 341; fährt täglich*

dessen die Wanderschuhe mitnehmen. Wir starten am Raxalm-Berggasthof in Richtung Ottohaus. Kurz davor, in der Senke zwischen dem Törl und dem Ottohaus, verbirgt ein 4.000m^2 großer Alpengarten wahre Schätze: Akelei, Edelweiß und Frauenschuh ranken sich in der Höhensonne und erfreuen das Herz jedes Pflanzenliebhabers. Weiter gehts durch Latschen zur Hohen Kanzel und entlang der schroffen Felsen der Preiner Wand.

Ausblick Plateauwanderung

Bevor es über den Seeweg wirklich ganz gemütlich in Richtung Ottohaus und Rax-Seilbahn zurückgeht, gibt die »Neuen Seehütte« Gelegenheit zur Einkehr.

▌Raxalm Berggasthof › Markierung 🇦🇹 › Ottohaus › auf Markierung 🟦 › Hohe Kanzel › Preiner Wand › Neue Seehütte › Markierung 🇦🇹 auf Seeweg zum Ottohaus › Raxalm Berggasthof
11km (4¼h) | RW | 580hm | mittel-schwer
Start: Bergstation Rax-Seilbahn

Malerische Hölle

Viele WienerInnen sind enorm stolz auf ihr reines Wasser. Die Quelle für diesen außergewöhnlichen Luxus, mit dem sonst kaum eine Großstadt protzen kann, entspringt in Reichenau an der Rax. Tag für Tag sprudelt das Wasser aus der Kaiserbrunner Quelle und erreicht über die 1. Wiener Hochquellenleitung in nur 16 Stunden die Bundeshauptstadt. Karl VI. war es, der im 17. Jahrhundert auf einem seiner Jagdausflüge die Quelle am Fuße

Höllental

des Schneebergs entdeckte und Kaiser Franz Joseph ließ schließlich zur Versorgung Wiens die 1. Wiener Hochquellenleitung errichten, die er 1873 auch feierlich eröffnete.

Auf unserer Tour von Reichenau nach Kaiserbrunn durchschreiten wir begleitet von der klaren Schwarza über einen gesicherten, alpinen Steig das malerische Höllental. Dieser tiefe Canyon, zwischen Rax und Schneeberg gelegen, kann verzaubern: der romantische Wald, glitzerndes Wasser, sanfte Schotterbänke und schroffe Felsen – Herz, was willst du mehr?! In Kaiserbrunn angekommen, wartet das Wasserleitungsmuseum mit einer Nachbildung des Schneealpenstollens in Originalgröße auf eine Besichtigung. Zurück nach Reichenau bringt uns der Bus (341) oder ein Taxi.

▌Schloss Reichenau › Markierungen »1. Wiener Wasserleitungsweg« folgen › Hirschwangstraße (gegen Fließrichtung der Schwarza) › Hirschwang › Hans Beran Straße › Parkplatz Wasserleitungsweg › Kaiserbrunn

7,2km (3h) | SW | 230hm | mittel
Start: Schloss Reichenau

MEHR SEHENSWERTES

Wasserleitungsmuseum Kaiserbrunn: Von der antiken Wasserversorgung bis zur Errichtung der I. Hochquellenleitung. *Kaiserbrunn 5, Reichenau an der Rax*

Looshaus am Kreuzberg: Auf 900m Seehöhe speisen wie die Götter: exzellente Küche und grandioser Ausblick! *www.looshaus.at*

Herbarium Online: Eine App namens »Alpenblumen bestimmen« (AIONAV) steht kostenlos im Appstore bereit.

Klassik am Thalhof: Konzerte im historischen Ballsaal, *www.thalhof-rax.at*

Buch: Die unvollendete Geliebte: Olga Waissnix & Arthur Schnitzler; ISBN 978-3850029070, Amalthea Signum;

INFORMATIONEN & PLÄNE
Bürgerservicebüro im Gemeindeamt, Hauptstraße 63 sowie Schloss Reichenau
www.reichenau.at, www.raxalpe.com

Wegweiser bei der Seehütte

TOUR 15

St. Aegyd

Pilze, Orchideen und weiße Tiger an der steirischen Grenze gesichtet...

Eine wilde Gegend, dieses St. Aegyd: Urige Wälder, rauschende Wasserfälle, romantische Flüsse und Bäche und dann noch der Urwald am Lahnsattel mit 250 Jahre alten Tannen, 600 Jahre alten Bäumen, wild wuchernden Farnen und seltenen Orchideen. Nicht zu übersehen die vielen Schwammerln, die hier überall wachsen. Besser, ihr bleibt zuhause auf eurer Couch mit einer Packung Chips! Oder vielleicht doch Lust auf ein kleines Abenteuer?

NATURerleben

Der Traisenberg ist im Gegensatz zu den beiden prominenten »Zwillingsbergen« Gippel und Göller, die wir von der »Hermannsrast« aus sehen können, vielen nicht bekannt. Zu Unrecht vernachlässigt, wie wir meinen, denn hinauf gehts über den preisgekrönten »Hans-Wancura-Steig«, der in sanften Serpentinen und gespickt mit Rastbankerln, seltenen Blumen, einer Kinderstation und den »Natur erleben«-Schautafeln ganz im Sinne von »Der Weg ist das Ziel« auf die Bürgeralpe führt. Oben angekommen erwartet uns zur Stärkung die am Wochenende ganzjährig bewirtschaftete Zdarskyhütte. Sie wurde nach Mathias Zdar-

ANREISE
3193 St. Aegyd am Neuwalde, NÖ

ÖFFENTLICH
- Wien Meidling Bhf › St. Pölten Hbf
  Dauer: 0:21; railjet xpress; fährt täglich
- St. Pölten Hbf › Lilienfeld Bhf
  Dauer: 0:38; R; fährt täglich
- Lilienfeld Bhf › St. Aegyd/Neuwalde
  Augasse bzw. Kernhof; *Dauer: 0:33 bzw. 0:41; Bus 691, fährt täglich*

sky, dem Vater des Skilaufs benannt, weil der gute Mann 1905 den weltweit ersten Torlauf veranstaltete. Höhepunkt der Tour ist der 1.280m hohe Paulmauer-Gipfel seinem edlen Gipfelkreuz und dem grandiosen Ausblick in Richung Ötscher. Schneeschuhwanderer haben im Winter übrigens auch ihre Freude, denn hier lässt sichs durchaus gut stapfen.

Wandern und Radfahren in St. Aegyd

▌ Berggasse Ende › links › Hohlweg zum Ortsteil Osterkogel › links auf 655 (Traisentaler Rundwanderweg) und »Wancura-Steig« zur Zdarskyhütte › auf 655 für 2km weiter › links › Paulmauer-Gipfel › Rückweg ident
11,2km (4h) gesamt | SW | 670hm | schwer
Start: Berggasse 6, St. Aegyd

Wasserfall und Kameltheater
Außergewöhnliches erwartet uns ausgehend vom alten Bahnhof Kernhof, den die Schusterin Doris Pfaffenlehner höchstpersönlich und liebevoll auf gewissenhafte Weise restaurierte. Sie betreibt hier eine der letzten und absolut sehenswerten Maßschuhwerkstätten Österreichs, von der aus es uns weiter in die Wälder, zum erfrischenden Trenk-Wasserfall und anschließend zum Kameltheater Kernhof zieht. Hier treffen wir auf für unsere Breiten seltene Tiergattungen wie die Albinokängurus, die Schneeleoparden, die brasilianischen Nasenbären, die Alpakas und den berühmten wei-

Kameltheater Kernhof

ßen Tiger. Wer weiter will, trifft auf die einzige Sepp-Forcher-Aussichtswarte Österreichs und den urigen Felsenwirtshof »Don Kamelo«.

▌Gasthof Gnedt an der Bundesstraße › links › Straße »Kernhof« bis Nr. 14 › links über Brücke › rechts haltend zum Trenk-Wasserfall › Brücke überqueren › wieder bis »Kernhof« Nr. 14 › danach links (vor dem Waldstück) › nach 700m Kreuzung › rechts › Brücke und Bundesstraße überqueren › Kameltheater › Sepp-Forcher-Warte › zurück zur Bundesstraße › abermals Brücke überqueren › links auf Straße Hoyossiedlung zum Ausgangspunkt
4,6km (1¾h) | RW | 180hm | einfach
Start: Kernhof 2 (Gasthof Gnedt)

Traisental-Radweg

Durch St. Aegyd führt der 111km lange, wunderschöne Traisental-Radweg. Offiziell beginnt er in Traismauer und endet in Mariazell. Wer mehr so der Genussmensch ist, fährt diesen Pilgerradweg durch die bezaubernden Mostviertler Landschaften, aber in umgekehrter Richtung: Die Anstiege sind dann nämlich kürzer.
www.traisentalradweg.at

MEHR SEHENSWERTES

Weißer Zoo & Kameltheater Kernhof: geöffnet von Mai bis September, Hunde sind im Park leider nicht erlaubt.
www.kameltheater.at

Don Kamelo: Felsenwirtshof mit Bergpanorama und Ausblick auf den Tierpark.
Kamelplatz 1, Kernhof

Schuhmachermeisterin: Doris Pfaffenlehners Schuhwerkstätte in Kernhof
www.pfaffenlehner.com

Bahnhof St. Aegyd: Handgemachte Pralinen in der Ersten »Süßmeisterei« Österreichs.

Nordisches Zentrum St. Aegyd: Mehr als 80km gespurte Loipen und naturbelassene Winterlandschaft für Tourengeher.

INFORMATIONEN & PLÄNE

Gemeindeamt St. Aegyd, Kirchenplatz 2 sowie beim Kameltheater in Kernhof
www.st-aegyd-neuwalde.gv.at

Süßmeisterei im Bahnhof

TOUR 16

Lilienfeld

Das bezaubernde Babenberger-Städtchen entlang der Traisen

Als die Wiege des Skilaufs bekannt, konnte sich Lilienfeld Ende des 18. Jahrhunderts ins Rampenlicht der Skigeschichte rücken. Drahtzieher war der gebürtige Tscheche und einstige Lehrer der Strafanstalt Stein, Mathias Zdarsky. Er war nicht nur Lehrer, Maler und Bildhauer sondern widmete sich intensiv der Erforschung der »Alpinen (Lilienfelder) Skifahr-Technik«.

Stille Einkehr
Wer Gemäuer im Stil des Mittelalters liebt, der wird vom Stift Lilienfeld begeistert sein. Genau wie das Mutterkloster Stift Heiligenkreuz, wurde Stift Lilienfeld von einem Babenbergerherzog gegründet. Herzog Leopold der VI. vollzog 1202 die Grundsteinlegung und nur vier Jahre später zog der Konvent schließlich ins Kloster ein. Interessant fanden wir vor allem den wundervollen frühgotischen Kreuzgang, den mittelalterlichen Kapitelsaal und das neugotische Brunnenhaus, das man auf eigene Faust erkunden kann. Wer außer den kunsthistorischen Schmankerln noch etwas über das klösterliche Leben und die restlichen Stiftsräume erfahren mag, nimmt einfach an einer Führung teil.

ANREISE
3180 Lilienfeld, NÖ

ÖFFENTLICH
🚆 Wien Meidling Bhf › St. Pölten Hbf
Dauer: 0:21; railjet xpress; fährt täglich
🚆 St. Pölten Hbf › Lilienfeld Bhf
Dauer: 0:38; R; fährt täglich

Nach den Schönheiten der Baugeschichte gehen wir in den Stiftspark, der auf einem Hang neben dem Kloster liegt. Zur Zeit des Barocks war er ein Tiergarten, in dem Edelhirsche gehalten wurden. Ab 1825 übernahmen dann der Abt Ambros und seine Mönche das Areal und führten unzählige Pflanzen aus Asien und Amerika ein. Exotisch duftende Gehölze, mächtige Tulpenbäume und viele andere botanische Seltenheiten können heute auf

Im Stift Lilienfeld

dem Naturlehrpfad (entlang der Kulturrundgang-Wegweiser) erkundet werden. Mittendrin findet man dann auch den »Chineser«, einen ehemaligen Wehrturm mit malerischem Ausblick auf die Stadt. Wer nun Lust auf mehr Sehenswürdigkeiten von Lilienfeld bekommen hat, spaziert einfach am »Kulturrundgang«, auf dem wir uns gerade befinden, weiter und lässt sich überraschen.

Lilienfelder Kulturrundgang (2½h)
Start und Infobroschüre: Stift Lilienfeld

Steige und Almen

Eines der Highlights auf dieser coolen Tour ist der romantische Wasserfallsteig zum Kleinen und Großen Wasserfall, auch Lindenbrunner Wasserfall genannt, mit seinem beeindruckenden Felsenkessel. Wer sich fürs Iceclimbing interessiert, kann im Jänner oder Februar oft Kletterer am zugefrorenen Wasserfall bei ihrem Aufstieg beobachten. Es gibt auch einen einfachen Übungsteil für Anfänger weiter oben. An der urigen Klosteralm

Ausblick vom Muckenkogel

am Muckenkogel, bei den weitläufigen Almböden, führt der Mathias-Zdarsky-Erfinderweg (¾h Wegzeit) vorbei, dessen originalgetreue Modelle hier aufgestellt wurden. Danach erreichen wir den 1.248m hohen Muckenkogel mit Ausblick ins Donautal und weit in die Alpen hinein. Von der Bergstation des Muckenkogellifts gehts per Sessellift oder zu Fuß (über den Kolm) wieder ins Tal.

A Brettljausn und a Seitl gibts in der Lilienfelderhütte (ganzjährig Do-So) oder im Almgasthaus Klosteralm (ganzjährig Di-So).

❙ Talstation Muckenkogel-Sessellift › auf Wasserfallsteig 🟦 zum Großen Wasserfall › Abzweiger rechts › Kleiner Wasserfall › Wegkreuzung › geradeaus auf 🟥 🟨 zur Lilienfelder Hütte › auf 🟥 **63** weiter › Abzweiger rechts › Klosteralm › Bergstation Muckenkogel-Sessellift › Abfahrt mit Lift; (Alternativer Rückweg (+5km): zurück zu Lilienfelder Hütte › auf 🟥 zum Gehöft Kolm › Mitterriegelsteig › Kolmstraße › Liftstraße › Talstation)
4,5km (2½h) | SW | 670hm | mittel
Start: Talstation Muckenkogel-Sessellift

MEHR SEHENSWERTES
Muckenkogel-Sessellift: Infos sowie aktuelle Öffnungszeiten des Lifts:
www.sessellift-lilienfeld.at

Mathias-Zdarsky-Rundwanderweg
Gute 11h ist man auf dem rot markierten (63) Wanderweg rund um Lilienfeld unterwegs (Plan im Gemeindeamt erhältlich)
Start: Bezirksheimatmuseum Lilienfeld

Kalvarienberg: Sehr eindrucksvolle, barocke Anlage mit Statuen, die von der Scala Santa in Rom inspiriert sind.
Stangenthal bei Lilienfeld

Heimat Museum Lilienfeld: Untergebracht im gotischen Torturm erzählt es vom Universalgenie Mathias Zdarsky.
Klosterrotte 1, 3180 Lilienfeld

INFORMATIONEN & PLÄNE
Gemeindeamt Lilienfeld (Dörflstraße 4) sowie im Stift und in den Gaststätten
www.lilienfeld.at

Kapelle in der Klosteralm

Schulmilch
schmeckt einfach gut!

Schulmilchprodukte sind:
- aus der Region
- zuckerreduziert, der maximale zugesetzte Zucker ist gesetzlich festgelegt – 2020/2021 4,5% und ab 2022/2023 3,5%;
- frei von Salz
- frei von Süßungsmitteln und Geschmacksverstärkern
- pasteurisiert
- nicht im Supermarkt erhältlich
- zur täglichen Verteilung an Kinder in Bildungseinrichtungen
- aus garantiert gentechnikfreier Fütterung

https://www.ama.at/Fachliche-Informationen/Schulprogramm

Schulmilch im Rahmen des EU-Schulprogrammes wird von regionalen Schulmilchbauern täglich frisch an Schulen und Kindergärten geliefert.

MIT FINANZIELLER UNTERSTÜTZUNG DER EUROPÄISCHEN UNION

TOUR 17

Türnitz

»Wildlife« und bizarren Felsformationen begegnen

Fast möchte man behaupten, Türnitz wäre ein Geheimtipp. Sei es für Freizeitaktivitäten wie Kurz- oder Weitwanderungen, für Radtouren am Radweg rund ums Traisental oder am Türnitzer Bahnradweg. Die Landschaft will uns in jedem Fall mit ihren Felsformationen in malerischen Tälern und Schluchten beeindrucken und lockt uns in mystische Wälder. Wer liebäugelt nicht auch manchmal damit, den Pilgerweg Via Sacra nach Mariazell zu begehen?! Etappe 4/4 beschreibt den Weg von hier zum Ziel.

Im Revier des Falken

Durch das malerische Retzbachtal spazierend, vorbei an alten Bauernhöfen, frischem Weideland und duftenden Wäldern, begleitet uns ein sich langsam verjüngendes Tal während der plätschernde Retzbach zu einem kühlen Gebirgsbächlein wird. Diese wildromantische Klamm mit den teils 100m aufragenden Felswänden wird Falkenschlucht genannt. Über Stege, Brücken und ausgelegte Steine durchqueren wir das Naturdenkmal, das 1957 als solches deklariert wurde. Neben den kleinen Wasserfällen und Aussichtsplätzen gibt es zwei Höhlen

ANREISE
3184 Türnitz, NÖ

ÖFFENTLICH
🚆 St. Pölten Hbf › Lilienfeld Bhf
Dauer: 0:38; R; fährt täglich
🚌 Lilienfeld Bhf › Türnitz Markt
Dauer: 0:18; Bus 690; fährt täglich

zu erkunden: die Innerebengrotte (ca. 8m lang) gleich vor dem Eingang der Schlucht und mittendrin die Nixhöhle oder Nixluke (70m lang), dazu benötigt man aber eine Taschenlampe und gutes Schuhwerk.

Angeblich ist die Schlucht ein uralter Einweihungsort mit drei magischen Punkten. Der ersten beiden befinden sich beim »Eisernen Tor« (Parkplatz). Einer davon direkt bei diesem riesigen

Falkenschlucht

Felsgebilde, der andere bei der Quelle etwas vor dem Parkplatz. Der dritte Kraftplatz sendet seine Power am Schlucht-Eingang. Wer gerne eiskalt badet, nimmt den Bummelzug, der im Hochsommer zur Falkenschlucht pendelt. Achtung: Nach starken Regenfällen kann die Schlucht nicht passiert werden und auf jeden Fall ist es ratsam, Jause einzupacken. Es gibt auf der Tour zwar die kleine Falkenschlucht Hütte, die ist allerdings nur wochenends bei Schönwetter offen.

▎Eisernes Tor › auf 🇦🇹 63 dem Retzbach entlang › Hubertushof › Falkenschlucht › Ausgang Falkenschlucht › weiter auf Forststraße für 1km › Abzweigung rechts › Forststraße Richtung Lackenkogel › kurz vor dem Lackenkogel (Ende der großen Wiese) › rechts auf Wanderweg 73 wechseln › Abstieg ins Dachsental › Weg mündet wieder auf 🇦🇹 63 › links einbiegen und zurück zum Eisernen Tor

13km (5½h) | RW | 730hm | schwer
Start: Parkpl. Eisernes Tor (Falkenschlucht)

Falkenschlucht

Bizarre Gebilde

Die Anthofgrotte ist eine der verspielten Felsformationen, die aus der Geschichte der Alpenbildung übrig geblieben ist. Ein lieblicher Waldweg führt uns in Serpentinen an mehreren dieser fantasieanregenden Konglomerat-Gebilden vorbei. Danach gehts durch das liebliche Sulzbachtal zurück in die Zivilisation.

❚ Traisenbachstraße › entlang der Türnitz stadtauswärts › Anthöfe › links in Mariazellerstraße › Anthofsiedlung Nr. 17 › Waldweg Anthofgrotte › Anwesen Feuchten › Straße 622 ins Sulzbachtal › rechts in die Sulzbachstraße › Gemeindeamt › Daniel Karner Straße › entlang der Türnitz zurück
5km (2h) | RW | 165hm | einfach
Start: Traisenbachstraße 6, Türnitz

MEHR SEHENSWERTES
Eibl Jet Türnitz: Eine der steilsten und attraktivsten Allwetterrodelbahnen mit Wellen, Jumps und mächtigen Steilkurven.
www.tuernitz.at

Naturschwimmbad: Bei Sonnenschein Badespaß ganz ohne Chemikalien. Nebenbei vermietet das Bad auch E-Bikes!
Badweg 12, 3184 Türnitz

Feld- und Industriebahnmuseum: 50 Lokomotiven, 180 verschiedene Wagen sowie Sonderausstellungen;
www.feldbahn.at

Türnitzer Bahnradweg: Ganz ohne Autoverkehr 9km lang auf der alten Bahntrasse und durch Tunnels vom Ortsteil Freiland nach Türnitz radeln.

INFORMATIONEN & PLÄNE
Gemeideamt Türnitz
3184 Türnitz, Markt 28
tuernitz.riskommunal.net

Eibl Jet Türnitz

TOUR 18

Wienerbruck

Eindrucksvolle Naturszenarien rund um den Ötscher

Durch die stete Kraft rauschender Bäche liegt dem 1893m hohen Ötscher ein faszinierendes Schluchtensystem zu Füßen. Dieses wird gerne als der im »Naturpark Ötscher-Tormäuer« eingebettete »Grand Canyon Österreichs« bezeichnet. Mit 170km² ist er der größte in Niederösterreich und einer der insgesamt fünf Eingänge des Areals befindet sich in Wienerbruck:

Erlebnis Ötschergräben
Ein perfekter Ausgangspunkt für alle Wanderungen in die kühlen Ötschergräben und am Rande des Stausees Wienerbruck gelegen, befindet sich das »Naturparkzentrum Ötscher-Basis«. Hier gibts regionale Köstlichkeiten und einen kleinen Shop, um sich die ultimative Wanderausrüstung zu besorgen. Nach der Besichtigung tauchen wir in die wilden Schluchten des Ötschers ab.

Über hölzerne Brückchen und Stege, vorbei an traumhaften Szenarien und dem plätschernden Lassingfall gelangen wir zum Kraftwerk in Stierwaschboden. Dieses erzeugte ab 1911 den Strom für die Mariazellerbahn, die dadurch eine der ersten elektrifizierten

ANREISE
3223 Wienerbruck, NÖ

ÖFFENTLICH
🚆 Wien Meidling Bhf › St. Pölten Hbf
 Dauer: 0:26; railjet; fährt täglich
🚆 St. Pölten Hbf › Wienerbruck-Josefsberg Bhf; *Dauer: 1:52; R; fährt täglich*

Eisenbahnen Österreich-Ungarns war. Seit einigen Jahren ist das historische Gebäude zur Besichtigung geöffnet und auf der Galerie der Maschinenhalle gibt es eine kleine Ausstellung.

Nach weiterer »Schlucht-Romantik« erreichen wir die ehemalige Mühle und heutige Jausenstation Ötscher Hias. Hier können wir nun entscheiden: Haben wir genug gesehen und gehen weiter Richtung Erlaufstausee,

Ötschergräben

oder sind wir fit genug für den Weg durch die hinteren Ötschergäben zum Schutzhaus Vorderötscher?

▍Wienerbruck Bhf › Naturparkzentrum › auf 622 entlang Stausee › nach 500m rechts › entlang Lassingbach › Kraftwerk Wienerbruck (Stierwaschboden) › nach Brücke links › Ötschergräben › Jausenstation Ötscher Hias* › Treppen bergauf auf 06B › Erlaufstausee › Ötscherstraße (06B verlassen) › Staumauer › Erlaufklause Bhf › mit Mariazellerbahn zurück
7,7km (3h) | SW | 380hm | mittel
Start: Bahnhof Wienerbruck-Josefsberg

Variante hintere Ötschergräben:
▍*JS Ötscher Hias › auf 622 weiter › Mirafall › Schleierfall › links über Brücke (622 verlassen) › Schutzhaus Vorderötscher › Ötscherstraße für 6km › Erlaufstausee › Staumauer › Erlaufklause Bhf › mit Bahn zurück
19km (7h) | SW | 700hm | schwer
Start: Bahnhof Wienerbruck-Josefsberg

Mirafall

Die stille Schlucht

Weniger bekannt ist der bezaubernde Weg durch die von der Erlauf gestalteten Landschaft der Hinteren Tormäuer. Auch hier rauscht das Bächlein über Stock und Stein durch den Canyon und verzaubert den Betrachter.

Beim Erlaufboden öffnet sich die Schlucht und unsere Route führt bergan in Richtung Alpenhotel Gösing. Dies diente einst den fleißigen Ingenieuren der Mariazellerbahn Anfang des 20. Jahrhunderts als Unterkunft. Und bestimmt haben jene Arbeiter ebenfalls die Ruhe und Stille des Ortes mit dem atemberaubenden Blick auf den Ötscher genossen.

▌Wienerbruck Bhf › Naturparkzentrum › auf 622 entlang Stausee › nach 500m rechts › entlang Lassingbach › Kraftwerk Wienerbruck (Stierwaschboden) › nach Brücke rechts › auf ▬ entlang der Erlauf › Parkplatz Erlaufboden › rechts auf Landstraße › über Brücke › kurz danach links auf 13 › Alpenhotel Gösing › Gösing Bhf › mit Mariazellerbahn zurück

8,6km (3¼h) | SW | 570hm | mittel
Start: Bahnhof Wienerbruck-Josefsberg

MEHR SEHENSWERTES

Naturparkzentrum Ötscher-Basis Wienerbruck: Von der Wanderkarte bis zur Thermosflasche; regionale Spezialitäten und massenweise Informationen; *www.naturpark-oetscher.at*

Ötscher:Grill: Das Designerstück am Wienerbrucker Stausee darf offiziell zum Grillen verwendet werden!

Alpenhotel Gösing: Im historischen Hotel lässt es sich, umgeben von Ruhe und Stille, köstlich speisen. *www.goesing.at*

Zipline Annaberg: Auf Seilen den Berg hinab rasen – wochenends erreichbar mit dem Sessellift Hennesteck. *https://www.annaberg.info/zipline-annaberg*

INFORMATIONEN & PLÄNE

Naturparkzentrum Ötscher-Basis
Langseitenrotte 140, Wienerbruck
www.naturpark-oetscher.at

Seegasthaus Naturparkzentrum Ötscher-Basis

TOUR 19

Mitterbach

Wildfräuleins, Wassernixen und andere nebulöse Gestalten

Ein echter Bergsee mit Trinkwasserqualität, der wegen seiner blaugrünen Farbnuancen irgendwie unecht wirkt und man sich am Ufer stehend vorkommt wie in einer Winnetou-Kulisse. Mitterbachs Umgebung war zwar nie ein Drehort einer Karl-May-Verfilmung wie z.B. der »Naturpark Paklenica« in Kroatien, sie ist aber mindestens genauso malerisch.

Zum Ursprung

Als erste Mission unserer nächsten Tour wollen wir wissen, wo die Erlauf entspringt. Der Platz am Erlaufursprung ist durchaus mystisch und weil wir Mystisches lieben, machen wir uns auf den Weg dorthin. Unter den moosbewachsenen Steinen in dem meist trockenen Bachbett finden wir den Eingang zu einem Schachtsystem, das etwa 25m in die Tiefe führt. Dort unten sitzt bestimmt ein Gnom, der über die siphonartige Öffnung wacht, aus der das Wasser tritt. In Zeiten mit viel Regen- oder Schmelzwasser lässt sich gut beobachten, wie Wasser überfallartig aus der Höhle spritzt. Kein Wunder also, dass solche seltsamen Naturschauspiele etliche Legenden hervorbrachten. Mitterbach

ANREISE
3224 Mitterbach am Erlaufsee, NÖ

ÖFFENTLICH
- Wien Meidling Bhf › St. Pölten Hbf
  Dauer: 0:26; railjet; fährt täglich
- St. Pölten Hbf › Mitterbach/Erlaufsee Bhf; *Dauer: 2:08; R; fährt täglich*

hat zwei Sagenwege angelegt und auf einem der beiden sind wir hier bereits unterwegs. Nach der Abbaustelle des Brunnsteiner Marmors, der im übrigen auch in der Mariazeller Basilika verwendet wurde, wandern wir auf den »Höhepunkt« unserer Tour, nämlich die 1.626m hohe Gemeindealpe zu. Oben soll das Reich der Muhmen gewesen sein. Wer diese uralten Nebelgestalten waren, ist nicht überliefert. Doch ob man dran glaubt oder nicht,

Gemeindealpe

vorsichtshalber werden hier seit Jahrhunderten Sonnwendfeuer angezündet, um eventuelle dunkle Mächte zu vertreiben. Gegen Ende der Tour treffen wir dann auf die Sage, die erklärt, warum die eine Hälfte des Erlaufsees hell und die andere aber tiefschwarz ist. Doch das bleibt für alle, die nicht selbst hingehen wollen, ein Geheimnis.

▌ Lindenhof › Weg entlang Steinbach bergan folgen › mündet nach 1km auf Brunnsteinweg ▬ › Erlaufursprung › Brunnsteiner Marmorbruch › nach 600m Wegmündung auf ▬ 05 E6 › Halterhütte › Eiserner Herrgott › Gemeindealpe › Terzerhaus › Abstieg › kurz nach Mittelstation rechts auf Markierung ▬ 05 E6 bleiben › Erlaufsee › rechts auf ▬ biegen › dem Ufer entlang zurück zum Lindenhof
13km (5h) | RW | 870hm | mittel
Start: Brunnsteinweg 2, Mitterbach

Lehrreich und schön
Diese sehr einfache Rundtour entlang

Hubertussee
©AdobeStock/Wolfgang

des Erlaufstausees, belehrt uns mit einer weiteren Legende. So sollen die drei, schon etwas verwitterten Felszacken an der Spielmauer einst drei junge Burschen gewesen sein, die aufgrund ihrer Spielsucht zu Stein erstarrten. Tipp der Redaktion: Sicherheitshalber Handyspiele schließen ;-).

Lehrreiches erzählen uns der Natur- und der Wasserweg – die beiden sind entlang des Stausees angelegt. Lernresistent? Auch kein Problem, denn die sich im Stausee spiegelnde Landschaft ist so außergewöhnlich bezaubernd, dass es genügt, sie einfach auf sich wirken zu lassen. Ommmm!

❙ St. Clemens › Kirchengasse rechts bis Ende › links in Hauptstraße › Naturpark Eingang Mitterbach › Hagenstraße (Naturlehrpfad) 06B › Rundgang Wasserweg › danach rechts erneut auf 06B biegen › entlang Ufer für 1,5km weiter › nach Tafel »Spielmauer« Abzweiger links (06B verlassen) › nach 100m erneut links › Waldweg für 1km folgen › Wiese überqueren › Kapschgasse › St. Clemens
5,5km (2h) | RW | 170hm | einfach
Start: Kirche St. Clemens, Mitterbach

MEHR SEHENSWERTES

Gemeindealpe Mitterbach: Hinauf auf den Mitterbacher Hausberg kann man ob Sommer oder Winter auch per Lift. Oben wartet ein 800m langer, einfacher Panoramarundweg mit tollen Fernblicken.
www.gemeindealpe.at

Erlebnispark Holzknechtland: Auf die Mariazeller Bürgeralpe mit dem neuen »Express«, um sich in das Leben der Holzknechte zu versetzen. Sowie unzählige Attraktionen für Kinder am Biberwasser.
www.buergeralpe.at

Hubertussee: All jene, denen am Erlaufsee zu viel Trubel ist, können am zauberhaften Hubertussee entspannen und dabei verschiedenste Fischarten beobachten.
Walstern 14, 8630 Halltal

INFORMATIONEN & PLÄNE
Tourismusverein Mitterbach
Lederergasse 9, Mitterbach
www.mitterbach.at

Hecht im Erlaufsee

TOUR 20

Purgstall

Mostviertler Naturjuwel mit Tiefgang

Nur in Wien gibt es den »Grünen Prater«? Gewiss nicht. Purgstall hat auch einen. Wie eine Allegorie für Leichtigkeit und lustvolles Leben nennen die Purgstaller das Stückchen Erde um die Romantikbrücke: ihren »Prater«. Kaiser Franz II. ist schuld daran, denn er besuchte mit seiner Tochter Luise, der späteren Gattin Napoleons, des öfteren den Herren von Purgstall und weil es in dessen Lusthaus gar so beschaulich zuging, soll der Kaiser freudvoll verlautbart haben: »*Hier ist es so schön wie bei mir im Prater.*«

Naturschauspiele

Dass es noch weitaus mehr gibt als das, liegt auf der Hand. Beispielsweise die wundervolle Erlauf, der wir hier in Purgstall erneut begegnen, wo sie durch zerklüftete Konglomeratfelsen tobt und uns wild rauschend und frivol die Sinne schärft. Trittsichere Besucher wählen den romantischen »Fischersteig«, der direkt in der Erlaufschlucht entlang des Baches verläuft und bei der Romantikbrücke in die »Praterweg-Runde« mündet. Vorbei an riesigen, moosbewachsenen Felsbrocken, meditativen Wasserplätzen und kühlen Grotten, die in dieses

ANREISE
3251 Purgstall an der Erlauf, NÖ

ÖFFENTLICH
- Wien Meidling Bhf › St. Pölten Hbf
  Dauer: 0:21; railjet xpress; fährt täglich
- St. Pölten Hbf › Pöchlarn Bhf
  Dauer: 0:21; CJX; fährt täglich
- Pöchlarn Bhf › Purgstall bzw. Schauboden Bhf; *Dauer: 0:44; R; täglich*

malerische Naturdenkmal eingebettet sind. In diesem verspielten Schauspiel könnte es sogar passieren, dass eine Große Quelljungfer an uns vorbeirauscht. Was oder wer sie ist? Die Mutmaßungen gehen vermutlich in Richtung verführerischer Sirene. Doch nein! Die landschaftlichen Gegensätze von kühler Schlucht und angrenzender warmer Heidelandschaft haben es jedenfalls ermöglicht, dass sich

Brücke der Liebe

hier eine Artenvielfalt der Sonderklasse etablieren konnte. So auch Große Quelljungfer, eine riesige Libelle, die mit dem Fischotter flirtet und der kleine Rehschröter wuzelt sich vor Freude darüber im Spindelstrauch. Wer näher in das faszinierende Reich eintauchen möchte, der sollte an den Exkursionen teilnehmen. (Anmeldung im Gemeindeamt oder im Erlaufschlucht-Infozentrum).
Alternativ zum »Fischersteig« gibt es die »Praterweg-Runde«. Ohne Steigungen führt sie um die Schlucht herum. Hier finden sich Aussichtsplattformen, von denen man einen Einblick in den Naturzauber bekommt.

▌ Infozentrum Erlaufschlucht › Wegweiser rechts zum Fischersteig ▬ (alternativ Praterweg-Runde nach links) folgen › Romantikbrücke › überqueren › rechts auf Praterweg-Runde einbiegen › zurück zum Infozentrum
3km (1h) | RW | 40hm | mittel
Start: Erlauftalstraße 44, Purgstall

Erlaufschlucht

Weg des Friedens

Nicht nur der Kaiser war zu Gast in Purgstall, sondern auch Egon Schiele. Doch er malte weniger, als er schrieb. Denn Schiele war damals als Offiziersschreiber im k.u.k. Kriegsgefangenenlager Schauboden engagiert. Und doch entstand hier an der Erlauf sein bekanntes Gemälde »Die zerfallende Mühle« (Station Bergmühle). Weniger malerisch fanden die Gegend die ca. 57.000 Gefangenen des I. Weltkriegs, die dort in Baracken untergebracht waren. Der »Weg des Friedens« erzählt an zum Teil an Originalschauplätzen angebrachten Schautafeln darüber. Am Ausgangspunkt wurde in der ehemaligen Militärgebäudeverwaltung ein Ausstellungsraum errichtet, wo wochenends von Mai bis Oktober ein intensiver Einblick in jene Epoche gewährt wird.

❙ Ausstellung Schauboden (ehemaliges Gasthaus Schager) › braunen Wegweisern »Weg des Friedens« folgen: Unterpichl, Lagerfriedhof, Erlauf, Egon-Schiele-Platz, alte Kläranlage, Romantikbrücke › Föhrenhain

4,2km (1½h) | RW | 60hm | einfach
Start: Schauboden 22, Purgstall

MEHR SEHENSWERTES

Herrschen, Hämmern, Handeln: Der historische Rundgang durchs Zentrum von Purgstall macht uns mit der Geschichte des Wohlstands bekannt. *Infofolder im Gemeindeamt*

Wildpark Hochrieß: Rotwild, Mufflons und Wildschweine sowie 40 anderen Tierarten beim Familienhotel »Die Hochrieß« begegnen. *www.hochriess.at*

Museum im Ledererhaus: Kleines Museum am Ufer der Erlauf, das alles über die Lederherstellung weiß. *Sa, So: 13:00-16:00, Mariazeller Str. 2*

Aktiv Camp Purgstall: Mit Campingbungalows, Minizoo, Badebiotop, Radverleih; *www.topcamp.at*

INFORMATIONEN & PLÄNE

Gemeindeamt Purgstall an der Erlauf
Pöchlarner Straße 17, Purgstall
www.purgstall-erlauf.gv.at

Weg des Friedens

TOUR 21

Lunz am See

Das Bergsteigerdorf am smaragdgrünen See

Unten Wasser, oben geil. Genaugenommen dreimal Wasser, weil es drei Lunzer Seen gibt: den Mittersee, den Obersee und den Lunzer See und als Bergsteigerdorf ist Lunz mit wenig Herbstnebel vom Wettergott gesegnet. Die berühmte 3-Seen-Wanderung ist gut 36km lang und eine Karte dafür liegt im Tourismusbüro auf. Wer sich auf die lange, aber tolle Tour begibt, folgender Tipp: Kurz vor dem Obersee kann man einem unterirdischen Wasserfall lauschen – dem »Brüllenden Stier«. Während der Sommermonate ist die Lunzer Seebühne untertags Sonneninsel und verwandelt sich abends zur Kulturstätte unter dem Titel »Festivals am See«. Um Schäden durch den Eisdruck zu vermeiden, wird die Seebühne in der kalten Jahreszeit im See versenkt.

ANREISE
3293 Lunz am See, NÖ

ÖFFENTLICH

🚆 St. Pölten Hbf › Pöchlarn Bhf
Dauer: 0:21; CJX; fährt täglich

🚆 Pöchlarn Bhf › Scheibbs Bhf
Dauer: 0:56; R, fährt täglich

🚌 Scheibbs Bhf › Lunz am See
Dauer: 0:37; Bus 655; fährt täglich

Rundherum

Am Fuße des Dürrensteins liegt das sogenannte »Meer der Lunzer«, wie der zauberhafte Lunzer See auch gerne genannt wird. Der einzige natürliche See Niederösterreichs misst an seiner tiefsten Stelle 34m. Die Reinheit seines Wassers erfreut nicht nur Bachforellen, Seesaiblinge und Barsche, sondern auch gleich drei österreichische Universitäten, die hier forschen. Auf dem fast steigungslosen Rundweg mit Blick auf den grünen Lunzer See treffen wir auf Teichrosen, Libellen, Badenixen und den Schwan Hansi. Seit seine Herzensdame traurigerweise gestorben ist, duldet er keine anderen Artgenossen mehr und ist seither überhaupt eher ein etwas grantiger Geselle.

Töpperbrücke in Lunz am See

Über die weißen Blüten zahlreicher Narzissen freuen sich besonders die, die im Mai hier unterwegs sind.

▎Bootsvermietung Lunz › auf 🇦🇹 1 rund um den See (Narzissenwiese › Seehof › Gasthof Schaupp › Seebad)
4,8km (1¾h) | RW | 90hm | einfach
Start: Bootsvermietung Lunz am See

Aussichtsreich
Wer gerne eine reizvolle Landschaft von oben anschauen mag, erklimmt den 1.075m hohen Panoramagipfel Maiszinken. Der Aufstieg auf den »kleinen Skiberg« wird mit einer richtig feinen Aussicht auf den Lunzer See honoriert. Doch bevor wir den Maiszinken besteigen, treffen wir das neobarocke Schloss Seehof, einst für die Versorgung der Kartause Gaming zuständig, bevor das Anwesen in den Besitz der großzügigen Familie Kupelwieser überging. Carl Kupelwieser selbst war es, der 1905 die nebenan liegende Biologische Station Lunz er-

Rund um den See

öffnete, die viel Pionierarbeit im Bereich »Ökologie der Binnengewässer« leistete. Auch eine meteorologische Einrichtung fand darin Platz. So entdeckten die Forscher am Lunzer Hetzkogel eine Doline, in der in eisigkalten Winternächten bis –52°C gemessen wurden. Daher stammt auch der Mythos, Lunz sei der kälteste Ort Österreichs. Was aber nicht stimmt, denn diesen Titel verdient nachgewiesenermaßen St. Michael im Lungau. Die geschichtsträchtige Biologische Station Lunz gehört heute zum Wasser-Cluster Lunz, wo eifrig Proben entnommen werden und emsig weitergeforscht wird. Gut essen kann man bei der Wanderung auf den Maiszinken auch: Nämlich sowohl unten in der Schlosstaverne, als auch an der Wegmitte, im Almgasthaus Rehberg.

MEHR SEHENSWERTES
Bootsvermietung Leichtfried: Vermietung von Ruder-, Elektro- oder Tretbooten an der Seepromenade 34.
Tel: +43 7486 8407

Skifahren am Maiszinken: Kleiner aber feiner, preiswerter und familienfreundlicher Skiberg mit 4,5 Pistenkilometern; *www.lunz.at*

JoSchi Schlosstaverne: Gehobene regionale Küche wie Saibling aus dem Lunzer See oder Wild aus dem Revier; *jo-schi.at/schlosstaverne*

Mostviertler Schienenradl: Auf schmalen Gleisen und ulkigen Fahrzeugen zur Umkehrstation Klein Großau radeln. *www.mostviertler-schienenradl.at*

INFORMATIONEN & PLÄNE
Tourismusbüro Lunz am See
Amonstraße 16, Lunz am See
www.lunz.at, www.ybbstaler-alpen.at

▌Schloss Seehof › auf Waldweg **6** zum »Pass am Durchlass« › auf **21** wechseln › Kreuzung Rehberg auf **4** › Gipfel Maiszinken › Rückweg abermals auf **4** bis Kreuzung Rehberg › auf **5** über »Gasthaus Rehberg« zurück zum Schloss Seehof;
8,2km (4h) | RW | 340hm | mittel
Start: Seehof 1 (Schloss Seehof)

Bezahlte Anzeige

TOUR 22

Göstling

Eine fantastische Reise ins Dreiländereck

©Mostviertel Tourismus/weinfranz.at

Die Göstlinger Alpen mit Hochkar (1.808m) und Dürrenstein (1.878m) lassen jedes alpine Wanderherz höher schlagen. Außer diesen beiden sehr anspruchsvollen Gipfeln hat Göstling zudem ein reizvolles Wegenetz parat. So zum Beispiel in einer Art Urwald-Fragment, dem »Wildnisgebiet Dürrenstein«. Auf botanischen und zoologischen Exkursionen gilt es dieses erste UNESCO Weltnaturerbe Österreichs bis ins Detail zu erforschen. Über markierte Pfade wie dem »Eulenweg« oder dem »Moorweg Leckermoos« kann das Wildnisgebiet auch auf eigene Initiative erkundet werden. Doch wir haben uns hier für Göstlings Wasserwege entschieden:

Auf dem Holzweg

... ist jeder der durch das zauberhafte Mendlingtal wandert. Denn dort gehen wir auf hölzernen Brückchen und Stegen entlang einer seltenen noch einsatztüchtigen Holztriftstrecke. Wie das Triften von Baumstämmen vor sich ging, kann man bei Vorführungen, die zwei Mal pro Monat stattfinden, lernen. Doch die »Erlebniswelt Mendlingtal« kann noch viel mehr: So warten beispielsweise

ANREISE
3345 Göstling an der Ybbs, NÖ

ÖFFENTLICH
🚆 Wien Meidling › Amstetten Bhf
Dauer: 0:58; railjet, fährt täglich
🚆 Amstetten Bhf › Waidhofen/Ybbs Bhf
Dauer: 0:25; R; fährt täglich
🚌 Waidhofen/Ybbs Bhf › Göstling
Dauer: 1:09; Bus 640 od. 656; täglich

---

ein Schmiedegesellenhaus mit Rauchkuchl im Originalzustand, eine betriebstaugliche Venezianersäge, die ebenfalls noch funktionstüchtige Großegger-Mühle und die türkisgrünen Teiche auf den ambitionierten Wanderer. Am Ende der 3km langen Tour durch Klamm und Auwald empfängt uns das Herrenhaus, wo es nach deftigen Mahlzeiten duftet. Nach einer Stärkung kann man nun entweder

Mendlingtal

©Mostviertel Tourismus/weinfranz.at

auf gleichem Wege zurückwandern, oder man zückt das Handy und lässt sich vom »Mendlingtal-Taxi« (Dienstag-Sonntag) nach Hause bringen. Geöffnet ist die »Erlebniswelt Mendlingtal« von Mai bis Ende Oktober. Der Eintrittspreis liegt momentan bei € 9,00 für eine erwachsene Personen bzw. € 3,50 für Kinder.

▌Parkplatz Dorfteich Lassing › Wegweiser zur »Erlebniswelt Mendlingtal« folgen › Kassa › entlang des markierten Weges bis zum Herrenhaus:
3,4km (1½h) | SW | 108hm | einfach
Start: Dorfteich Lassing, Göstling
(Göstling › Lassing; Bus 643; täglich)

Klamm, Alm & Schlucht
Vom Wasser begleitet wird man auch am Beginn dieser Tour durch das abwechslungsreiche Steinbachtal. So geleitet der Themenweg »Die Kraft des Wassers« den Wanderer über saftige Wiesen, durch schattige Wälder und »Die Not«, eine kleine, aber

Aussicht von der Ybbstalerhütte

imposante Klamm. Am Rothschild-Fischeich angekommen, wenden wir uns nun dem Aufstieg zur »Ybbstalerhütte« zu. Jene, die nicht trittsicher sind, kehren hier um. Die von reizvoller Almenlandschaft umgebene Ybbstalerhütte ist von Mai bis Ende Oktober bewirtschaftet und bietet eine Übernachtungsmöglichkeit, falls man auf alpinen Wegen Dürrenstein & Co. erobern möchte. Der Abstieg erfolgt über den Stiegengraben und den Goldaugraben, wo uns erneut das Wasser begleitet.

▎ Gasthof Kögerlwirt › auf Themenweg »Die Kraft des Wassers« durchs Steinbachtal › Rothschild-Teich (Parkplatz) › Wegweisern »Ybbstalerhütte« bzw. Markierung 🇦🇹 14 bergan folgen (Jagdhütte Dürreck, Bärenlacke Sattel) › Ybbstalerhütte › Abstieg über »Wegweiser Stiegengraben« 2 14 bis Schotterabbau Sommerhof › Kreuzung › links (Richtung Göstling) auf 32 (Auwald, Quellbäche, Forststraße Goldaugraben) › Brücke über Steinbach überqueren › flussabwärts am Themenweg zurück nach Göstling
19,3km (6½h) | RW | 970hm | schwer
Start: Ybbssteinbach 10 (Kögerlwirt)

MEHR SEHENSWERTES
Palfauer Wasserlochklamm: Die berauschende Klamm führt an Wasserfällen vorbei zum »mysteriösen Wasserloch«; *www.wasserlochklamm.at*

Ybbstaler Solebad: Die angenehmen 34°C des Salzwassers simulieren einen Trip ans Tote Meer; großzügige Saunalandschaft; *www.ybbstaler-solebad.at*

360° Skytour Hochkar: Von der Sesselliftstation »Hochkar Vorgipfel« führt ein 1km langer »Nervenkitzel-Weg« zur höchsten Aussichtsplattform Niederösterreichs; *skisport.com/Hochkar*

Hochkarhöhle: Die unterirdische Welt aus Kalkstein hat in den Sommermonaten *jeden 2. Sonntag um 14:00 geöffnet.*

INFORMATIONEN & PLÄNE
Tourismusverein Göstlinger Alpen
Göstling 46/2, Göstling an der Ybbs
www.goestling-hochkar.at

Skytour Hochkar

TOUR 23

Hollenstein

Der stille Ort inmitten der Eisenwurzen

Genauso wie Purgstall, Göstling und Lunz ist auch Hollenstein in die sogenannte »Eisenwurzen« eingebettet. In diesem Landstrich lenkte man die Aufmerksamkeit ab 1550 auf die Gewinnung und Aufbereitung des vielseitigen Metalls. Der Tauschhandel war Pflicht und so wurde Erz gegen Verpflegung und Dinge des täglichen Bedarfs getauscht. Most gegen Erz sozusagen. Das heutige Hollenstein fand seine Prägung genau in dieser Epoche. Durch den regen Handel, der bis nach Asien reichte, kam der Wohlstand in die Lande und so entdeckt der aufmerksame Besucher schmucke Häuser, Schmieden und Mühlen und mit ihnen das Fluid aus vergangenen Tagen. Das Dörflein liegt im Herzen des »Naturparks NÖ Eisenwurzen«, wo unsere Neugier uns nun hinzieht.

Weitschweifende Aussichten

Vom Spaziergang bis zum Steig im alpinen Bereich finden wir hier eine beachtliche Auswahl an Wandermöglichkeiten. Von den insgesamt 20 markierten Wegen wählen wir zum Einstieg einen leicht begehbaren und mit herrlichen Blicken auf den Ort Hollenstein gewürzten Rundwanderweg. Hier

ANREISE
3343 Hollenstein an der Ybbs, NÖ

ÖFFENTLICH
- Wien Meidling › Amstetten Bhf
 Dauer: 0:58; railjet, fährt täglich
- Amstetten Bhf › Waidhofen/Ybbs Bhf
 Dauer: 0:25; R; fährt täglich
- Waidhofen/Ybbs Bhf › Hollenstein
 Dauer: 0:46; Bus 640 od. 656; täglich

finden wir ein Relikt aus der Eiszeit: die Schaumauer mit kleinen Höhlen, die durch den Wind entstanden sind.

▎Feuerwehr Hollenstein › vor der Tankstelle links › Höhenweg ▬ 1 Abstecher Schaumauer 2 › zurück auf Höhenweg ▬ 1 › links in Landstraße biegen › zurück in den Ort
3,8km (1¼h) | RW | 150hm | einfach
Start: Feuerwehr Hollenstein

Siebenhütten-Alm

Aufi auf die Oim!

Zwei Almen, deftige Speckbrote und Kuhglocken-Läuten. Lust auf die Almen des Königsbergs? Wir schon! Auf 1.266m Seehöhe steht sie, die urtümliche Kitzhütte, umgeben von saftigen Wiesen und treuherzig glotzenden Kuhaugen, fast wie aus der Schoki-Werbung. Kurz danach gehts über die idyllische »Siebenhütten-Alm«, wo einst wirklich sieben Häuserl standen. Beide Almen sind von Ende Mai bis Ende Oktober bewirtschaftet.

Unterwegs wählen wir Wandersleut größteils einfache Forst- und mittelsteile Waldwege, die oft als Rundwanderweg 3 markiert sind. Dazu werden Ausblicke auf Gamsstein, Hochschwab und Hochkar serviert. Schwieriger ist der Abstieg am abwechslungsreichen »Jagdsteig«, der doch Trittsicherheit verlangt, aber an den steileren Stellen immerhin gut abgesichert ist. Tipp: Am 1. Sonntag im August findet auf der Kitzhütte die traditionelle Almmesse statt.

Kitzhütte

▌Parkplatz Bauernhof Hochschlag › Forstweg Richtung Wald › links › Lifttrasse queren › Waldsteig › Kitzhütte › Siebenhütten › Forststraße bergab › Eisgrabensattel › rechts auf Forststraße talauswärts (2km) › Jagdsteig (gesichert mit Seilen) › unterhalb der Ruinen Hinterhochau talwärts › Forststraße bis Linkskehre (200m) › rechts aufsteigen (Markierung KÖ-Lift III) › Hof Hochscheuch › über Bergwiesen › rechts in Königsbergstraße › bergauf zum Bauernhof Hochschlag

13,5km (5h) | RW | 600hm | schwer
Start: Sattel 5, Bauernhaus Hochschlag

Erlebnisgarten

Lust auf einen besonders liebevoll gestalteten Garten mit tiefen Einblick in die Vielfalt österreichischer Kräuter? Den Erlebnisgarten mit Barfußweg und einer kristallklaren Kneippanlage erreichen wir über den 1,5km langen Fünf-Elemente-Weg, der beim Gasthof Jagersberger startet. Zum Garten kann man sich auch führen lassen und bekommt neben botanischem Wissen auch regionale Schmankerl am offenen Feuer serviert.

Start & Anmeldung: Gasthof Jagersberger Sattel 4, www.gasthof-jagersberger.at

MEHR SEHENSWERTES

Strandbad Hollenstein: Eines der schönsten Flussstrandbäder der Ybbs! *www.freizeitverein.at*

Hammer- und Zwergenschmiede Treffenguthammer: Hitzig gehts zu beim Schauschmieden und bei den Führungen. *Dornleiten, Hollenstein an der Ybbs*

Königsberg: Skilifte, Bikepark, Ausflugsparadies, E-Bike Verleih; *www.koenigsberg.at*

Zeitreisewaggon Großhollenstein: Minimuseum zur Geschichte der Ybbstalbahn; *Oisberg, Hollenstein an der Ybbs*

Bohuslav Kokoschka: Der Schriftsteller und Bruder Oskar Kokoschkas liegt am Hollensteiner Friedhof begraben.

INFORMATIONEN & PLÄNE

Tourismusbüro Hollenstein
Dornleiten 71, Hollenstein an der Ybbs
hollenstein-ybbs.gv.at

Biker am Königsberg

TOUR 24

Waidhofen

Das Tor zum Reichtum des Mittelalters

»Ferrum chalybsque urbis nutrimenta« oder zu dt. »Eisen und Stahl ernähren die Stadt«, was besondere Früchte trägt, wenn die Herstellung von Sensen und Sicheln forciert und zum Steckenpferd mit einem Netzwerk durch ganz Europa wird. So wie hier in Waidhofen, wodurch die Stadt – im Gegensatz zu vielen anderen Orten der Eisenwurzen – bis zum Ende des 18. Jahrhundert von der Metallverarbeitung leben konnte. Die Zeichen für diesen ehemaligen Wohlstand finden sich an jeder Ecke des zauberhaften Ortskerns: Häuser mit gotischen Arkadengängen, wuchtige mittelalterliche Wehrtürme, romantische Gasserl, das imposante Schloss Rothschild und zu Fronleichnam wird sogar die mit zahlreichen Edelsteinen gespickte Messerer-Monstranz aus dem Safe geholt. Zu den bedeutendsten Bauwerken führt der angelegte Stadterlebnisweg und wer Stadtnatur erleben will, nimmt den Ybbsuferweg (ab Ybbsturm) oder folgt uns unauffällig...

Für Kletterer und Voyeure
Am Fuße Waidhofens erhebt sich der Buchenberg mit seinen 20km Spazier- und Wanderwegen. Dann ist da ein

ANREISE
3263 Waidhofen an der Ybbs, NÖ

ÖFFENTLICH
🚆 Wien Meidling › Amstetten Bhf
   Dauer: 0:58; railjet, fährt täglich
🚆 Amstetten Bhf › Waidhofen/Ybbs Bhf
   Dauer: 0:25; R, fährt täglich

kleiner Zoo mit wilden Tieren wie Wölfen, Waschbären, Dachsen, Murmeltieren oder den nicht so wilden, also eher kuscheligen Haustieren wie Meerschweinchen, Kaninchen & Co. Der Schwerpunkt des Parks aber befindet sich im Mythoswald. Hier ist Ossi mit seiner Familie, den anderen Waldkäuzchen, zu Hause. Seine Verwandten, der Steinkauz und die Waldohreule, tuscheln hier gelegentlich miteinander. Dieses Gehege ist frei

Waldohreule

begehbar, so kann man den Eulen und ihren Scharmützeln richtig nahe kommen. Neugierige, die wissen möchten, wer sich des nächtens im Tierpark tummelt, darf sogar hier übernachten.

Wer sich lieber voyeuristisch als selbst kletternd verausgabt, kann am Buchenberger Kletterpark, dem österreichweit größten dieser Art, den Wagemutigeren, die mehr oder weniger elegant zwischen den Bäumen hängen, auf der Zipline ihr Gleichgewicht trainieren oder den multisensorischen Waldlehrpfad testen, bei ihren Unternehmungen zusehen.

Treffsicherheit lernt man am nahegelegenen 3D-Bogenparcour und für die Kleinen gibt es einen lässigen Spielplatz zum Austoben.
Verschiedene Routen; Start: Rösselgraben

Wandern mit Geschichte
Nicht das Wort, sondern die fünf Elemente prägen die Ära von Waidhofen

Waidhofens Altstadt

und mit eben diesen beginnt unsere sehr gemütliche Tour. Wir starten beim 5-Elemente-Museum im beeindruckenden Schloss Rothschild, welches anschaulichst Informatives über die Eisenverarbeitung und die Geschichte Waidhofens preisgibt. Danach gehts über Rehau und die Gschnaidter Höhe in den Ortsteil Windhag, wo die dem Nikolaus von Myra geweihte Kirche und die liebevoll restaurierte Höritzauer-Mühle auf Besucher warten. Den Rückweg, der hier über sanfte Wiesen und Wäldchen führt, treten wir über den Österreichischen Weitwanderweg 04 an.

▍Schloss Rothschild › Untere Zellerbrücke überqueren › links › Ybbsufer Richtung Raifberg › Rehau Hausnummer 78 › Abzweiger rechts nach Windhag › Hof Adelsberger (Rehau 17) › rechts › Hof Ammem › geradeaus halten › Gschnaidter Höhe › geradeaus › Windhag (Höritzauer Mühle, Aussichtsplattform) › zurück zum Ortsbeginn › rechts › Windhag Hausnummer 7 › links › markierter Wanderweg 04 E4 zurück nach Waidhofen
9,7km (3½h) | RW | 290hm | mittel
Start: Schloss Rothschild, Schlossweg 2

MEHR SEHENSWERTES
5-Elemente-Museum im Schloss Rothschild: Interaktiver Rundgang durch die Geschichte Waidhofens. *www.schloss-rothschild.at*

FeRRUM - welt des eisens: Erlebnismuseum in Ybbssitz, in dem sich alles um Eisen dreht. *schmieden-ybbsitz.at*

Natur und Wildpark Buchenberg: Wildtiere, Kletterwand, Bogenparcour; *Rösselgraben 15, Waidhofen; tierpark.at*

Schaukraftwerk Schwellöd: Die Entwicklung der Energiegewinnung. *Schwellödgasse, Waidhofen*

Gottesburg der Eisenwurzen: Die barocke Basilika am Sonntagberg: ein magischer Ort für Kunst- & Kulturfreunde;

INFORMATIONEN & PLÄNE
Tourismusinformation
Schloßweg 2, Waidhofen an der Ybbs
www.ybbstaler-alpen.at

Schloss Rothschild mit »Hans Hollein«-Turm

TOUR 25

Enns

Die Stadt, in der die Stunden wie Minuten vergehen

Gut 455 Jahre ist es her, als unter Kaiser Maximilian II. das 60 Meter hohe Wahrzeichen der Stadt Enns entstand: Der Stadtturm, bei dessen Bau nämlich einer Sage nach eine freundliche Riesin behilflich gewesen sein soll. Angeblich war sie es, die den riesigen Steinquader in der heutigen Turmstube abgestellt hat, weil die kräftigen Steinmetze dazu nicht in der Lage waren. An der Turmuhr selbst sehen Minuten- und Stundenzeiger irgendwie vertauscht aus, wozu aber die Riesin mit Sicherheit nichts beigetragen hat. Denn früher zeigte die Uhr nur Stunden an und erst später kam dann ein Minutenzeiger hinzu und weil aber der Stundenzeiger sowieso schon sehr lang war, machte man den Minutenzeiger einfach kürzer. Schmucke Bürgerhäuser, die ebenso wie der Turm selbst Elemente verschiedenster Stilepochen – Gotik, Renaissance, Barock, Klassizismus – in sich vereinen, sind längst nicht alle bemerkenswerten Gebäude von Enns, da gibt es noch mehr:

Durch die alte Stadt
Nahe des Stadtturms befindet sich das Alte Rathaus, in dem das »Museum

ANREISE
4470 Enns, OÖ
ÖFFENTLICH
🚆 Wien Hbf › St.Valentin Bahnhof
   Dauer: 1:16; railjet; fährt täglich
🚌 St.Valentin Bahnhof › Enns Bhf
   Dauer: 0:06; S1; fährt täglich

Lauriacum« untergebracht ist. Hier schummelte der Baumeister, indem er hinter der obersten Mauer keine Räume, sondern stattdessen, um das Gebäude imposanter zu machen, eine Kulisse baute.

Weiter gehts zum Schloss Ennsegg und zum energetischen Park rundherum. Dort, wo vor 200 Jahren Napoleon residierte, kann heute geheiratet werden. Nächster Hotspot: die Basilika

Blick auf Enns

St. Laurenz, die auf den Mauern eines römischen Stadttempels errichtet wurde. Eine Führung ist empfehlenswert! Neugierige gehen die »Via Lauriacum« – den Spaziergang mit 8 Stationen zu den bedeutendsten Punkten der ehemaligen römischen Siedlung. Dazu gibts sogar eine gleichnamige App. Oder aber man begeht den ausführlicheren »Ennser Stadt-Erlebnisweg« mit mehr als 25 Stationen.

5km (2½h) | RW | 80hm | einfach
Start: Basilika St. Laurenz, Enns

Bildung am Donausteig

Unsere Tour ist die Etappe 3_S07 des Weitwanderweges Donausteig, der auf gesamt 450km von Passau bis nach Grein führt. Unterwegs gibts Sagen und Kulturschätze, die uns vom Ennser Stadtturm bis nach Mauthausen begleiten. Wir passieren die schlichte Basilika mit der legendären Unterkirche, Ausgrabungen und ein Legionslager des Donaulimes, erleben bäuerliche Siedlungen und den blauen Donaustrom. Dann mit der Fähre* nach

Blick auf Mauthausen

Mauthausen, wo uns kreative Granitkunst und ein einzigartiges Apothekenmuseum im Schloss Pragstein erwarten sowie die KZ-Gedenkstätte Mauthausen im Nordosten, die, um die grausamen Dinge aus der Vergangenheit nicht zu vergessen, unbedingt besucht werden sollte.

▍Stadtturm Enns › Linzer Straße stadtauswärts › »Alter Schmidberg« überqueren › geradeaus über Treppe auf Bahnhofweg › Kreuzung › Maria Anger links einbiegen › Lauriacumstraße rechts eintreten › Basilika St. Laurenz › Lauriacumstraße folgen › Bahnhof Enns › Unterführung nehmen › rechts in Fabrikstraße › links in Mühlenstraße bis T-Kreuzung › links in Lorch einbiegen › an dessen Ende rechts › Kreuzung › Mitterstraße links eintreten › Unterführung passieren › links Richtung Enghagen › in Enghagen nach Wegkapelle rechts halten › an 2 Höfen vorbei › links einbiegen (großer Baum) › über Asphaltstraße zum Fähranleger* › Überfahrt › links zum Fußgängerübergang › diesen überqueren › links in Promade › Marktplatz;

7,8km (3½h) | SW | 80hm | mittel
Start: Stadtturm Enns

MEHR SEHENSWERTES
Donauradfähre Enns-Mauthausen:
*Mai bis August: 9:00-19:00, September: von 9:00-18:00 im 10-Minuten-Takt;
Fährmann-Telefon: +43 650 3915034

Museum Lauriacum: Alles über das römisches Erbe Oberösterreichs.
www.museum-lauriacum.at

Stadtpfarrkirche St. Marien: Besondere Architektur der österreichischen Hochgotik;
www.pfarre-enns-stmarien.at

KZ-Gedenkstätte Mauthausen: Memorial & Museum des Konzentrationslagers;
www.mauthausen-memorial.org

Apothekenmuseum: Von Paracelsus bis Penicillin – liebevoll gestaltet;
www.schlossmuseen-mauthausen.org

INFORMATIONEN & PLÄNE
Tourismusverband & Stadtmarketing
Hauptplatz 19 (Altes Rathaus), Enns
www.enns.at, erleben.enns.at

Schloss Ennsegg

TOUR 26

Wallsee

Das Wassersportparadies mit römischen Hinterlassenschaften

Obwohl es in Wallsee gar keinen See gibt, wie man vielleicht aus dem Ortsnamen ableiten möchte, können wir uns – dank der riesigen Wassersportarena am Donaualtarm – trotzdem dem nassen Element hingeben. Wem das zu wenig ist, der geht eben wandern, radfahren oder bewundert die sich im Privatbesitz der Familie Habsburg-Lothringen befindlichen Schlossanlage. Wallsee-Sindelburg ist zwar flach, aber keineswegs langweilig.

Unterhalb des Schlosses befand sich die mittelalterliche Haupteinnahmequelle von Wallsee, denn hier wurden über mehrere Generationen bis ins Jahr 1895 Mühlsteine gebrochen, woraus sich eine durchschlagende Mühlsteinzunft entwickelte. Der letzte Mühlstein, der hier gebrochen wurde, ist am Marktplatz 19 zu bewundern. Gleich daneben steht die von den »Mühlsteinern« gestiftete St. Anna-Kapelle. Und dann waren da noch die Römer, die den Wallseern nicht nur die größte Tonschüssel des römischen Reichs hinterließen, sondern jede Menge römische Geschichte, die vom Wallseer Marktplatz bis zum Römermuseum nacherlebt werden kann.

ANREISE
3313 Wallsee-Sindelburg, NÖ

ÖFFENTLICH
🚆 Wien Meidling › Amstetten Bhf
   Dauer: 0:58; railjet, fährt täglich
🚌 Amstetten Bhf › Wallsee Ortsmitte
   Dauer: 0:28; Bus 613, fährt Mo-Fr

Zum Donaumandl

Auf dem Rundwanderweg »Donaualtarmweg« gehts über feuchte Ufer- und durch üppige Aulandschaft. Dieser Altarm der Donau war nach einer Regulierung um 1826 das Hauptgerinne der Donau, erst nach Errichtung des Kraftwerks Wallsee-Mitterkirchen hat der »blaue Strom« ein neues Bett bekommen. Derlei offene Altarme sind ein ideales Laichgebiet für Fischarten wie Hechte, Zander, Rapfen,

Altarmweg

Welse, Karpfen und verschiedenste Lachsfische. Anhand der zahlreichen Schautafeln entlang des Weges kann man das Wissen über die heimische Fischfauna und über die Flora der Au spielerisch erweitern. Unterwegs treffen wir auf das »Donaumandl«, das einen skurrilen Fisch in der Hand hält. Klar, nur eine Skulptur davon, denn das echte »Donaumandl« traut sich laut der Sage auf dem Täfelchen daneben nicht mehr aus dem Wasser. Und noch einem Herrn begegnen wir auf der Tour: Dem Heiligen Jakobus, Schutzpatron der Wanderer und Pilger, sehr passend!

❙ Restaurant Donautreff › links zum Altarmufer › Markierung 1 421 entlang des Altarms folgen › Rohrmühle › Aubach und Erlabach überqueren › Donauufer › entlang Donau stromabwärts (Kraftwerkseingang umrunden) › Donauspitz › Wallsee

8,5km (2½h) | RW | 100hm | einfach
Start: Café-Restaurant Donautreff, Wallsee

Fischerparadies

©Gemeinde Wallsee-Sindelburg

Fisch mit Most

Mit der wuchtigen Schlossanlage im Blick begeben wir uns ans Donauufer, um neben dem regen Strom entlangzuwandern. Beim Gasthaus Parlament treffen wir auf das geheime Wahrzeichen des Mostviertels: Die hölzerne Riesenmostbirne, 6m hoch und 5t schwer, durch die mitten hindurch der Donauradweg führt. In ihrem Inneren ist die Entstehung der Mostbirne von der Blüte bis zur Frucht erklärt. Gegen Ende der Tour erwarten uns dann die idyllischen Teiche beim Gasthof Fischerparadies, wo frisch gefischter Fisch und köstlicher Most auf uns warten – in Kombination, ein echter Geheimtipp übrigens!

❙ Römermuseum › Rechtsbogen zur Schlossrückseite › Donauufer › Markierung 5 425 entlang der Donau stromabwärts folgen › Stromkilometer 2088 › rechts in Schotterweg biegen › Voggenauerbrücke › überqueren und rechts halten › erneut rechts neben Landstraße › Gasthaus Parlament › nach 1,3km links › Gasthof Fischerparadies › Sommerau › Wallsee

15km (5h) | RW | 190hm | mittel
Start: Römermuseum Wallsee

MEHR SEHENSWERTES

Römerwelt Wallsee-Sindelburg: Museum über die Festung Wallsee, moderne Visualisierungen uvm.
www.roemer-wallsee.at

Wassersportzentrum Wallsee: Ein riesiges Paradies für Wasserskifahrer, Wakeboarder, Surfer, Segler und Schwimmer!
www.wsz.at

Tierpark Stadt Haag: Gelegen im ehemaligen Schlosspark Salaberg warten über 700 Tiere auf netten Besuch.
www.tierparkstadthaag.at

Stift Seitenstetten: Ritterkapelle, Äbte- und Stiftsgalerie, Promulgationssaal sowie der Garten können besucht werden;
www.stift-seitenstetten.at

INFORMATIONEN & PLÄNE

Marktgemeinde Wallsee-Sindelburg
Marktplatz 2, Wallsee
www.wallsee-sindelburg.gv.at

Schloss Wallsee

TOUR 27

Grein

Die glänzende Perle im berüchtigten Strudengau

Gar Furchtbares soll sich hier einst zugetragen haben und schuld daran waren keine geringeren als die beiden Meeresungeheuer »Skylla« und »Charybdis« aus der griechischen Mythologie. Die beiden haben laut untrüglicher Aussagen der Seeleute nicht nur in der Meeresenge von Messina, sondern auch hier im berüchtigten Strudengau ihr Unwesen getrieben, wodurch dieser Donauabschnitt europaweit verrufen war. Der Stadtname Grein wird übrigens von »Grin« – Geschrei – abgeleitet. Vielleicht wegen des Lärms der früher hier vorherrschenden Wasserstrudel oder von den entsetzlichen Hilferufen der Matrosen - man weiß da leider nichts Genaueres. Ab dem 14. Jahrhundert war es dann nur mehr den Greiner Lotsen erlaubt, Waren durch den Strudengau zu bringen. So kehrte der Wohlstand wieder ein, der sich noch heute in den Bauwerken des Städtchens widerspiegelt.

Stiller Stein - Stille Klamm

Es ist eine zauberhafte Tour, die die Markierung 9 für uns bereit hält. Gleich zu Beginn gehts über den historisch-malerischen Stadtplatz mit der süßen Biedermeier-Kaffeesiederei,

ANREISE
4360 Grein, OÖ
ÖFFENTLICH
- Wien Meidling › Amstetten Bhf
  Dauer: 0:58; railjet, fährt täglich
- Amstetten Bhf › Grein-Bad Kreuzen
  Dauer: 0:25; Bus 380, fährt täglich

dem altem Stadttheater und der Pfarrkirche mit ihrem barocken Innenleben. Unterwegs können wir in Granit gemeißelte Nachrichten vorchristlicher Kulturen entdecken, die uns ein gewisser Bildhauer namens Miguel Horn hinterlassen hat. Diese »Galerie in Granit« soll uns dazu anhalten, wertschätzender mit den Seelen der Natur umzugehen. So sehen wir am »Werfensteinblick« bis zur Donauinsel Wörth. Sie steht unter Natur-

Anlegestelle

schutz und zählt zu den schönsten Inseln am »blauen Strom«. Hinab zum malerischen Klammeingang mit der »Gießenbachmühle« und dem Imbissstand »Willis Mühlejause«, führt unser Weg zum Canyon, mit rauschenden Kaskaden, moosbesetzten Granitblöcken und der »Steinernen Stube«, einem mächigen Felsüberhang, unter dem angeblich einst Zauberkräuter wuchsen. Kurz nach einem kleinen Stausee führt uns der Wanderweg 7 über eine sanfte Hügellandschaft und vorbei an urigen Bauernhöfen zurück nach Grein.

▌Kaffeesiederei › Markierung 9 folgen (Donaugasse, Hauptstraße, Jubiläumsstraße, Wienerweg, Ramersböck, Werfensteinblick, Gießenbachmühle, Stillensteinklamm) 700m nach dem Stausee › links über Brücke und Bundesstraße auf Markierung 7 zurück nach Grein

13km (5¼h) | RW | 380hm | mittel
Start: Stadtplatz 6 (Kaffeesiederei), Grein

Stillensteinklamm

360°-Blick

Relativ einfach zu begehen ist er, der Reitsteig, der uns auf die 484m hoch gelegene Gobelwarte bringt. Mehr als 26t Stahl sind nämlich in dem Kunstwerk verarbeitet, das über 111 Stufen erklommen werden kann. Oben angekommen gibt es einen Rundumblick mit Wow-Effekt: östlich öffnet sich der Strudengau, im Norden das Hügelland des Mühlviertels, westlich das Machland und im Süden reicht der Blick bis zum Höllengebirge. Wer hier kein Selfie schießt, ist wirklich selber schuld. Zum Vitamin D Tanken, finden wir unterhalb der Warte sogar einen gemütlichen Rastplatz mit Sonnenliegen, bevor wir dann gegen Ende der Tour die Binderalm erreichen. Mit Streichelzoo für die Kleinen und köstlichen Schmankerln für die Großen ist das Leben eben einfach nur schön.

▌ Rotes Kreuz › Straße Am Hofberg › über Reitersteig 🟥 **1** zur Gobelwarte › geradeaus › Hof Nomberger › Hof Kren › 400m danach rechts in Güterweg Groißgraben biegen (Markierungen verlassen) › nach 900m links › Gasthof Binderalm › Grein
7,6km (3h) | RW | 204hm | einfach
Start: Ufer 2 (Rotes Kreuz), Grein

MEHR SEHENSWERTES

Grainburg & OÖ Schiffahrtsmuseum: Sehen, wie ein Herzog feiert und welche Schiffe die Donau einst befuhren.
1. Mai bis 26. Okt., Montag geschlossen; www.schloss-greinburg.at

Stadttheater Grein: Der weitgehend im Originalzustand erhaltene Rokoko-Bau wird noch bespielt und beherbergt zudem ein Museum zur Geschichte Greins.
www.stadttheater-grein.at

Strudengaurundfahrten: Per Schiff durch den einst gefürchteten Strudengau.
www.donauschiffahrt-ardagger.at

Wolfsschlucht: 4,8km langer origineller Natur- und Kulturlehrpfad durch die »Heilklamm« von Bad Kreuzen.

INFORMATIONEN & PLÄNE
Tourismusverband Grein
Stadtplatz 5, Grein
www.grein.info

Gobelwarte

TOUR 28

Ybbs

Das Tor zwischen Struden- und Nibelungengau

Keine andere österreichische Innenstadt liegt so nah am Donauufer wie diese: Ybbs, die Stadt der Aprilscherze. Denn mit der Ybbsiade – dem größten Kabarett- und Kleinkunstfestival im deutschen Sprachraum, bei dem alljährlich im April zwei Wochen lang prominente Kabarettisten auftreten – bleibt kein Auge trocken. Während sich der Wissbegierige über den malerischen Stadtkern mit seinen historischen Bürgerhäusern erfreut, verweilt sein Pendant, der genussfreudige Flaneur, an der Donaupromenade und lächelt dem Donautreiben entgegen.

Ybbsseeing

Eine der drei Ybbser Rundstrecken, die an der Panoramatafel am Stadtplatz ihren Ausgangspunkt finden, ist die unsere: die »Stadtrunde« mit der Markierung Y1 . Was uns hier erwartet, kann sich sehen lassen: der »Passauer Kasten«, ein Saal aus dem 13. Jahrhundert, der noch heute aussieht wie damals. Einst Verwaltungssitz der Passauer Bischöfe, in späteren Jahren diente er als Speicher für die Landwirtschaft. Es folgt der Pulverturm, ein ehemaliges Gefängnis und Überbleibsel der Stadtbefestigung, danach

ANREISE
3370 Ybbs an der Donau, NÖ

ÖFFENTLICH
🚆 Wien Hütteldorf Bhf › Ybbs/Donau Bhf
Dauer: 1:09; CJX; fährt täglich

gehts im Halbkreis durch den ehemaligen Befestigungsgraben in Richtung Therapiezentrum Ybbs, bevor uns am Ende der Tour das Stadtmuseum und das Fahrradmuseum erwarten.

▎Panoramatafel Hauptplatz › Markierung »Stadtrunde Y1 « folgen › Durchgang an der Kirche zur Donaulände › Donaulände rechts (Passauer Kasten, Pulverturm) bis Wiener Tor › links durch Kleingartensiedlung › rechts in Fabriksstraße › am Kreisverkehr rechts in Bahnhofstraße ›

Am ehemaligen Klostertor

nach 50m rechts in Bachgasse › links in Burgwiesenring › nach 50m rechts und sofort links in Stadtgrabenweg › nach den Schulen links in Schulring › rechts in Prof.-Wirtinger-Gasse › an deren Ende rechts in Stauwerkstraße (B25) für 900m › rechts Persenbeugerstraße (Therapiezentrum Ybbs) › Donaulände › nach Stadthalle hinauf zur Kirchengasse (Stadtmuseum, Fahrradmuseum) › Stadtplatz

2,8km (1h) | RW | 44hm | einfach
Start: Hauptplatz Ybbs

Ybbs umrunden

»Nomen est Omen« serviert uns die »Panoramarunde« Aussichtsplätze as its best. Hervorzuheben ist dabei der ehemalige keltische Kultplatz, der sich im Zuge der Christianisierung nun Marienhöhe nennt.

Hier erhaschen wir einen Blick auf die grünblaue Donaulandschaft und als Kontrapunkt das massige Kraftwerk Ybbs-Persenbeug. Rund um die Marienhöhe informieren 10 Tafeln

Ybbser Donauufer

über Ybbs' Geschichte, Geografie und Biologie, bevor uns der Weg retour über fruchtbare Äcker und Felder ins bäuerliche Theinstetten führt, wo jeden 26. Oktober ein Schmankerlmarkt stattfindet. Nach der Gesellschaft der süßen Enten am Kirlteich sind wir auch schon unserem Ziel nahe.

▌Panoramatafel Hauptplatz › Markierung »Panoramarunde Y3 « folgen › Donaulände › gegen Flussrichtung bis Therapiezentrum › danach links hinauf › rechts in Stauwerkstraße (B25) › beim Lindenhof links und gleich wieder rechts in Sonnleitenstraße › rechts durch Waldstreifen zur Hochfeldstraße › links einbiegen und für 900m folgen › rechts auf Marienweg › Marienhöhe (Donaublick) › Waldweg hinab › Hengstbergstraße bei Hubertuskapelle überqueren › rechts auf Feldweg biegen und links halten › nach Haus Nr. 24 rechts den Weg nach Roßberg (2km; links halten) nehmen › links in Roßbergstraße › Theinstetten › Kirchenweg für 1,3km › links in Reiteringer Straße und überqueren › rechts in Kirlstraße › Kirlteich › Therapiezentrum Ybbs › Hauptplatz
11,6km (3¾h) | RW | 240hm | einfach
Start: Hauptplatz Ybbs

MEHR SEHENSWERTES
Besucherkraftwerk Ybbs-Persenbeug: Stromversorgung hautnah – Österreichs ältestes Donaukraftwerk bietet eine spannungsgeladene Ausstellung.
www.kraftwerksfuehrungen.at

Fahrradmuseum: Eine liebevolle Zeitreise durch die Geschichte des »Radls«.
Herrengasse 12, Ybbs an der Donau

Kokoschka-Haus in Pöchlarn: Im Geburtshaus des Künstlers findet alljährlich (Mai bis Oktober) eine Sommerausstellung rund um Oskar Kokoschka statt.
www.oskarkokoschka.at

Fahrradverleih Ybbs: Rad oder E-Bike ausborgen, wenn der Donauradweg lockt!
www.zweirad-pichlmayr.at

INFORMATIONEN & PLÄNE
Tourismusinformationsstelle
Stauwerkstraße 86, Ybbs
www.ybbs.gv.at

»Self Service« beim Fahrradmuseum

TOUR 29

Melk

Eine geistlich-künstlerische Reise in wissenschaftliche Sphären.

In »Medelike« (mittelhochdeutsch für Melk) wurde laut Nibelungenlied den Gästen der Labtrunk in goldenen Gefäßen serviert. Uns beeindruckt aber vor allem die Tatsache, dass es sich hier um das größte Kulturensemble Europas, das barocke Stift Melk, verewigt in Umberto Ecos Roman »Der Name der Rose«, handelt. Doch wie lebte es sich einst in dieser Stadt? Melks Gassen sprechen eine eindeutige Sprache. Die sogenannten »Kreativwege« – Goldene Stiege, Blaue Welle, Grüner Pfad und Roter Faden – leiten uns intuitiv zu den Hotspots von Melk. Angeordnet sind diese Steine in der Reihenfolge von Morsezeichen, die ins Granitsteinpflaster eingearbeitet wurden. Die Goldene Stiege führt vom Kolomanibrunnen zum Stift Melk, die Blaue Welle von der Donau ins Stadtzentrum und der Grüne Pfad beginnt beim Wachau Info Center Melk und endet im Stadtpark.

Der Rote Faden

Der recht junge Rundweg bringt den Besucher zu insgesamt 30 Sehenswürdigkeiten und acht Infostelen mit historischen Fotos und QR-Codes, die zur Stimme des doch recht schrulligen August Prinzl linken. Ein Melker Original vergangener Tage, das viel zu erzählen wusste, stets ein Thermometer auf seinem Hut trug und seine Habseligkeiten alphabetisch ordnete. Schräg, denn so lagen in seinen Schubladen angeblich Kohlen neben Kartoffeln und Socken neben Semmeln.

Die Rote-Faden-Tour führt unter anderem auf den Standplatz zweier ehemaliger Badeschiffe, in denen man um 1858 noch warme Wannenbäder

ANREISE
3390 Melk, NÖ

ÖFFENTLICH
Wien Hütteldorf Bhf › Melk Bhf
Dauer: 0:53; CJX; fährt täglich

Beim Alten Pfarrhof

nehmen konnte, oder zum »Haus am Stein« mit seinem wuchtigen, mehrere hundert Jahre alten Weinstock. Auch über das »Melker Cottage« wird berichtet – hier fand ein Wettbewerb zwischen Historismus und Jugendstil sowie das rege Treiben im mittelalterlichen Melk statt. Die Tour startet beim Wachau Info Center, in dem man Folder mit ausführlichen Informationen zum Weg bekommt.

1,9km (1-2h) | RW | 40hm | einfach
Start: Kremser Straße 5 (Wachau Info)

Per pedes zum Kulturschloss
Uns interessiert die durch ihre informativen Ausstellungen berühmt gewordene Schallaburg. Bereits im 11. Jahrhundert wurden die Wurzeln des imposanten Gesamtkunstwerkes geschlagen, allerdings erst im 16. Jahrhundert von Hans Wilhelm von Losenstein zu einem opulenten Renaissanceschloss mit dazugehörigem Garten transformiert. Bunte Sessel und grüne Kreise am Boden und ein Mediaguide, der mittels Film, Musik

Roter Faden Rundweg

und Stimme einen guten Job macht, bescheren uns diesen durchaus amüsanten Burgspaziergang durch die bewegte Vergangenheit des Areals. Der Weg zur Schallaburg führt über sanfte Wachauer Landschaft mit Blickpunkten Richtung Schloss Artstetten, Maria Taferl und zur Ruine Weitenegg. Zurück nach Melk gehts mit dem Bus*.

▍Bahnhof Melk › Unterführung Westbahn 05 › links in Bahnzeile › rechts in Dorfnerstraße bis zum Sportzentrum › Autobahn überqueren › Kupferschmiedkreuz › am Waldrand entlang bis T-Kreuzung › links und gleich wieder rechts (schmaler Weg) durch Wald (Fürstkreuz) › links haltend am Feldrain entlang bis Mündung in Landstraße › 200m an Landstraße geradeaus › links einbiegen (05 verlassen) und linken Weg nehmen › Pöverding › an Kapelle rechts › nach Hotel Lugerfarm links › Weg rechtshaltend in Pöverdinger Wald › T-Kreuzung › links › Mündung in Asphaltstraße › diese geradeaus bis T-Kreuzung › links und 600m am Waldrand entlang › rechts in Feldweg › nach 700m erneut rechts › Anzendorf › Schloss Schallaburg

9,7km (3¼h) | SW | 280hm | mittel
Start: Bahnhof Melk

MEHR SEHENSWERTES

Stift Melk: Das Barockstift wartet mit imposanter Bau- und Gartenbaukunst auf, zudem locken wechselnde Sonderausstellungen; *www.stiftmelk.at*

Schloss Artstetten: Erzherzog-Franz-Ferdinand-Museum und Natur-Schlosspark; *www.schloss-artstetten.at*

Burgruine Aggstein: Am Welterbesteig Wachau 09 von Melk zur sagenumwobenen Ruine (17km); *www.ruineaggstein.at*

Schallaburg: Ein Renaissanceschloss erkunden und Sonderausstellungen genießen! *Bus WL6 (bzw. ab 2021 geänderte Liniennummer) fährt in der Sommersaison täglich von der Schallaburg nach Melk; *www.schallaburg.at*

INFORMATIONEN & PLÄNE
Wachau Info Center
Kremser Straße 5, Melk
www.visitmelk.com, www.stadt-melk.at

Terrakottenhof Schallaburg

TOUR 30

St. Pölten

Zwischen Kopfsteinpflaster und moderner Architektur findet Kultur & Lebensfreude statt

Die Vielseitigkeit und der Charme St. Pöltens, der ältesten Stadt unseres Landes, scheint unerkannt. Vor allem unter jenen, die nie dort gewesen sind. Schade eigentlich, denn alleine schon die kopfsteinbepflasterte Altstadt überzeugt bei unserem Ausflug nach Aelium Cetium – so wurde unter den Römern die damals schon dynamische Zivil- und Handelsstadt genannt. Handel und Handwerk prägen das Stadtbild, Bauwerke wie Dom und ehemalige Patrizierhäuser mit ihren verspielten Fassaden zeugen noch heute davon. Doch nicht nur das, als archäologisches Highlight wurde am Domplatz ein ganzer Stadtfriedhof ausgegraben.

Mediterranes Flair

Unsere Erkundungstour führt uns zuallererst ins Herzstück der Altstadt, dem Rathausplatz mit seiner spätbarocken Dreifaltigkeitssäule, der durch eine unerwartete Großzügigkeit besticht. Wir spähen kurz durch die Pforte der Franziskanerkirche und flanieren weiter an Cafes und dem Landestheater vorbei und erfreuen uns an den gemütlichen Schanigärten, kreuz und quer die verlockenden kleinen

ANREISE
3100 St. Pölten, NÖ
ÖFFENTLICH
🚆 Wien Meidling › St. Pölten Hbf
Dauer: 0:21; railjet xpress; fährt täglich

Gässchen entlang, die uns da und dort auf einen Abstecher einladen und sogar an einem sehenswerten Haus mit 168 Tellern an den Hauswänden (Tellerhaus) vorbeiführen. Der Dom zu St. Pölten dann – wir sind begeistert von der prunkvoll-theatralischen Aura und den eindrucksvollen Chorgesängen, die uns ins Innere des Barockbauwerkes mit spätromanischem Kern locken. Nach einer kurzen und erholsamen Pause im kühlen Dom landen wir am Herrenplatz bei den »Tratschenden Frauen«, einem Trinkbrunnen (belieb-

Altstadt

tes Fotomotiv). Der Domplatzmarkt (Do & Sa Vormittag) wurde 2019 vom Gourmetmagazin Falstaff zum beliebtesten Markt Österreichs gewählt.

Moderne Architektur
Nur 10 Minuten von hier entfernt erwartet uns das futuristische Kontrastprogramm: Das Festspielhaus und das Museum Niederösterreich präsentieren sich ebenso im architektonisch fortschrittlichen Style wie die Niederösterreichische Landesregierung und das Landtagsschiff. Als markantes Gebäude direkt am Ufer der Traisen und mit dem Klangturm samt Aussichtsplattform wird hier ein grandioser Rundumblick gewährt. Oben gibt es super-bequeme Holzschaukelstühle und man kann ganz gechillt den Ausblick über die Stadt genießen.

Niemals Langeweile
St. Pölten kann auch wild sein, denn zwischen Mühlbach und Traisen existiert ein Stückchen unberührter Au-

Museum Niederösterreich

wald, quasi ein Geheimtipp für Ruhesuchende. In dieses kleine Paradies, durch das der »Naturlehrpfad Feldmühle« führt, gelangen wir, wenn wir der Traisen folgen. Badelustige und lebenshungrige AusflüglerInnen kühlen sich im großen Viehofner See ab und statten dem beliebten Ausflugslokal »Seedose« einen Besuch ab, wo Picknickkörbe und Bootsverleih bereit stehen. Abends Lust auf eine Lesung, ein Livekonzert oder DJ-Lines? Auch das! Am Ratzersdorfer See befinden sich übrigens der St. Pöltner Campingplatz, Beachvolleyballplätze, ein Fitness-Center, Bowlingbahnen, Billardhallen sowie eine Lasertron-Area.

▎ Bahnhof Traisenpark › Parkplatz und Dr.-Adolf-Schärf-Straße queren › rechts in Fußweg (neben Dr.-Adolf-Schärf-Straße) biegen › Viehofner See › Restaurant Seedose › rechts › Traisen flussabwärts folgen bis Seenbrücke › überqueren und erneut flussabwärts bis Steg »Naturlehrpfad Feldmühle« › überqueren und Auwald erkunden › Rückweg ident (oder nach Seenbrücke Abstecher zum kleinen Viehofner See);
7km (2¼h) | RW | 190hm | einfach
Start: St. Pölten Traisenpark Bahnhof
(Hauptbhf › Traisenpark, S40 oder Stadtbus)

MEHR SEHENSWERTES
Museum Niederösterreich: Einblicke gewinnen, Geschichte verstehen, Natur erleben. Eintrittkarten am besten online kaufen: www.museumnoe.at
Kulturbezirk 5, St. Pölten

Bühne im Hof: Kleinkunst im Hinterhof einer ehemaligen Wäscherei.
www.buehneimhof.at

Programmkino Cinema Paradiso: Filmhighlights und vielfältige Veranstaltungen – im Sommer mit Open Air Kino!
www.cinema-paradiso.at/st-poelten
Rathausplatz 14, St. Pölten

Seedose am Viehofner See: Mediterrane Gerichte, Picknickservice, Bootsverleih,..
www.seedose.at

INFORMATIONEN & PLÄNE
Tourismusinfo
Rathausplatz 1, St. Pölten
www.stpoeltentourismus.at

Viehofner See

TOUR 31

Kobersdorf

Kultur- & Naturgenuss am jüngsten Vulkan Österreichs

So klein und unbedeutend diese Gemeinde auf den ersten Blick auch erscheinen mag, sie hat es in Wirklichkeit faustdick hinter den Bergen. Eingekuschelt liegt sie inmitten des Naturparks Landseer Berge und durch sie hindurch schlängeln sich ein weitverzweigtes Radfahr-, Reit- und Wandernetz und Weitwanderwege wie der Zentralalpenweg und der europäische Fernwanderweg E4. Am Fuße des Pauliberts entspringt die unter den Mineralwassergenießern bekannte »Waldquelle«. Genau da nämlich, wo der letzte Vulkan unseres Landes eifrig mit Feuerspucken beschäftigt war. Die großen »Basaltbomben«, entstanden durch Gasblasen, die sich mit Magma füllten und erstarrten, sind nach rund 11 Millionen Jahren immer noch im gesamten Burgenland zu finden. Sie sind keineswegs unscheinbar, wenn man bedenkt, dass die größte der »Bomben« das Gewicht zweier ausgewachsener Elefanten trägt.

Kobersdorf und Umgebung bieten aber auch Kulturgenuss, denn der romantische Arkadenhof des Schlosses Kobersdorf mit seinem Theaterangebot oder die Ruine Landsee mit Konzerten und vielen anderen Unterhaltungsveranstaltungen sind dafür bestens geeignete Locations.

ANREISE
7332 Kobersdorf, Burgenland

ÖFFENTLICH
Wien Hbf (Busterminal) › Kobersdorf
Dauer: 1:40; Bus 7941; fährt täglich

Die drei Musketiere

Kiefer Sutherland war dort. Charlie Sheen auch. Für die Dreharbeiten des Hollywoodschinkens »Die drei Musketiere« wählte man als »Kulisse« die Ruine Landsee. Obwohl mittlerweile verfallen, kann man noch gut erkennen, wie imposant die Anlage einst gewesen ist. Über den Ursprung der Burg ist kaum etwas bekannt. Sicher ist nur,

Naturparkbadesee Kobersdorf

dass im 16. Jahrhundert die dort lebende Gertraud von Weißpriach für Angst und Schrecken sorgte. Bevor wir die Tour mit Baden im Kobersdorfer Naturparksee ausklingen lassen, treffen wir auf das gewaltige Basaltwerk am Pauliberg, wo wir an einer Vulkanführung* teilnehmen. Für Verpflegung unterwegs ist gesorgt, denn kurz nach der Ruine Landsee gibts hausgemachte Mehlspeisen in der Konditorei PUR und Leckeres am Buffet der SeeLounge beim Badesee.

▌Kobersdorf »Pension Waldhof« › 200m in Richtung Waldmühle wandern › links abzweigen › Markierung 🟥 02 07 E4 zur Ruine Landsee folgen › Ruine Landsee › Schloßfriedhof › Hauptstraße für 300m in Richtung Landsee folgen › rechts (nach Bushaltestelle 1839 - Landsee Neudorfer Straße) › über Florianikapelle und Handler-Wogohof-Kapelle zum Pauliberg › Basaltwerk Pauliberg › über BW geradeaus nach Waldsauerbrunn › am Mühlbach rechts › über

Blick von der Ruine Landsee

Badesee und Waldmühle zurück
15,4km (6h) | RW | 500hm | mittel
Start: Am Waldhof 1 (Pension Waldhof)

Das Leben der Kelten

Der Schlossberg mit Burg oder besser gesagt, was davon als verwachsenes Überbleibsel noch da ist, sowie der Burgberg selbst, mit seiner großen keltischen Wallanlage, also gleich 2 Anhöhen mit historischen Anlagen, können in Kobersdorfs Nachbargemeinde, dem Straßendorf Schwarzenbach, besucht werden. Uns interessiert der »Keltenrundwanderweg«, der mit Schautafeln über die lokale Fauna und Flora und über das keltische Leben der Region informiert. Am höchsten Punkt erwartet uns der Museumsturm mit Café und das archäologische Freilichtmuseum im Keltendorf.

▌Parkplatz › einige Schritte stadtauswärts › rechts › Weg bergan folgen › kurz vor Bründlkapelle rechts › Holzwegweisern »Keltenrundwanderweg« folgen (Museumsturm, Keltische Wallanlage) › Bründlkapelle › geradeaus zurück zum Parkplatz
3,8km (2h) | RW | 170hm | einfach
Start: Schwarzenbach 174 (Parkplatz)

MEHR SEHENSWERTES
Vulkanführungen Basaltwerk Pauliberg:
*Heimat der berühmten Basaltbomben
www.pauliberg.com, +43 2618 688 88

Synagoge und jüdischer Friedhof Kobersdorf: Die letzte, erhaltene Gemeindesynagoge der berühmten »sieben heiligen Gemeinden« des Burgenlands.

Badeseen: Naturbadesee Markt Sankt Martin mit Sandstrand und Schwungseilanlage sowie der in einer Waldlichtung gelegene Naturpark Badesee Kobersdorf;

Freilichtmuseum Schwarzenbach:
Kelten am Schwarzenbacher Burgberg
Sa. So. und Feiertag von 10:00 bis 17:00
(April bis September) geöffnet;
www.celtovation.at/index.php

INFORMATIONEN & PLÄNE
Gemeindeamt Kobersdorf, Hauptstr. 38, Kobersdorf (Umbau: Lindgraben, Schulg.1)
www.kobersdorf.at, landseer-berge.at

Keltendorf Schwarzenbach

TOUR 32

Lockenhaus

Legenden und Tatsachen rund um den Geschriebenstein

Ein grünes Paradies für sport- und naturbegeisterte Outdoormenschen eröffnet sich hier rund um Lockenhaus: der »Naturpark Geschriebenstein-Írottkő«, der sich bis über die ungarische Grenze ausdehnt. Rad- und Mountainbikestrecken, Wanderwege und Lehrpfade (wie Getreide-, Wein-, Stein-, und Pilzlehrpfad) laden auf beiden Seiten der Grenze ein, die Gegend zu erkunden, und auch die Geschichte von Lockenhaus selbst ist spannend – guckst Du:

ANREISE
7442 Lockenhaus, Burgenland

ÖFFENTLICH
Wien Hbf (Busbahnhof) › Lockenhaus
Dauer: 1:36; Bus 7860; fährt täglich

Spaziergang zu Tempelrittern, Vampiren und Fledermäusen

Man übersieht sie bestimmt nicht, die mächtige, mittelalterliche Hochburg Lockenhaus, die über dem gleichnamigen Ort thront. Errichtet wurde sie um das Jahr 1200 und der Autor Gerhard Volfing mutmaßt, dass es sich um eine Burg des Templerordens gehandelt haben könnte. So finden sich z.B. im »Kultraum« unter dem Burghof Steinmetzzeichen, die den Templerburgen in Spanien gleichen.

So soll sich auch einer Legende nach im Burgsee ein Schatz der Tempelritter verbergen, den sie hinterließen, als sie die Burg 1312 fluchtartig verlassen mussten. Ob Templerburg oder nicht, sicher ist, dass auf der Burg die Blutgräfin Elisabeth Báthory weilte. Möglicherweise begutachtete auch sie schon die Vorfahren der Wimperfledermaus Betsi, die hier im Dachboden jeden Sommer ihre Jungen großzieht. Die Burg Lockenhaus kann man selbst erkunden oder mit Voranmeldung an einer der Themenführungen teilnehmen. Einen Besuch wert ist auch die mystische Gruft der St. Nikolaus-Kirche am Hauptplatz.

Gotischer Rittersaal

▌ Lockenhaus Hauptplatz › Hauptstraße Richtung Norden › nach 200m rechts (Schedl-Mühle) › Lisztpromenade bis an deren Ende › auf Waldweg zur Burg Lockenhaus › Burgbesichtigung › Zufahrtsstraße für 20m folgen › rechts Treppen (steil!) oder Pfad (einige Meter weiter) hinab zum Burgsee › links in Uferweg › um den See herum › Wall überqueren › Wegweiser nach Lockenhaus folgen

4,2km (1¼h) | RW | 90hm | einfach
Start: Hauptplatz Lockenhaus

Blick nach Ungarn

Kurz bevor die ungarische Tiefebene beginnt, erhebt sich der Gipfel des Geschriebenstein empor. Ganze 884m machen ihn zum höchsten Berg des Burgenlandes. Der Aufstieg erfordert zwar ein bisschen Kondition, doch wenn man mit einem bezaubernden 360°-Panoramablick vom steinernen Aussichtsturm, der sich genau auf der österreichisch-ungarischen Staatsgrenze befindet, belohnt wird, steigt die Motivation bestimmt. Die Neu-

Am Burgsee

gierigen finden im Erdgeschoss des Turms Informationen zur bewegten Geschichte dieser Grenze. Oben am Geschriebenstein angekommen, gehts auch schon wieder hinunter in den Weinort Rechnitz, wo wir kurz davor noch auf den informativen Botanischen Lehrweg stoßen und uns der türkisgrüne Badesee zum Planschen einlädt. In Rechnitz selbst gibts endlich was zu Futtern: deftige Schmankerl beim urigen Heurigen, jippie (keine Einkehrmöglichkeit unterwegs). Zurück nach Lockenhaus bringt uns der Bus (1824 bzw. 7860, fährt täglich) oder ein Taxi.

▎Lockenhaus Hauptplatz › Klostergasse bis Ende › Burggasse bis Ende › Bundesstraße stadtauswärts › nach 250m rechts in Graben › geradeaus auf Wanderweg › Markierung ▬ 07 bis Abzweiger kurz vor dem Gipfel des »Geschriebensteins« folgen › Abstecher »Geschriebenstein Aussichtswarte« › zurück zum Abzweiger und auf Markierung ▬ 07 Richtung Rechnitz › Badesee › Hochstraße › Badergasse › Rechnitz Hauptplatz

17km (6h) | SW | 600hm | schwer
Start: Hauptplatz Lockenhaus

MEHR SEHENSWERTES
Burg Lockenhaus: Erlebnisausstellung und Wochenstubenkolonie der Wimperfledermaus sowie historische Burgführungen (geöffnet von April bis Dezember);

Burgtaverne Lockenhaus: Austragungsort des berühmt gewordenen »Raubritteressens«; *www.burgtaverne-lockenhaus.at*

Badesee Rechnitz: Badespaß im Faludital: Wasserrutsche, Tretboote, Campingplatz, Kindererlebnis Wald- und Vogelwelt;

Margarethenwarte: Eine Wanderung zur modernen Holzarchitektur schenkt bei guter Sicht einen grandiosen Ausblick.

St. Nikolaus-Kirche: Barocke Wallfahrtskirche mit mystischer Krypta; *Hauptplatz 6, Lockenhaus*

INFORMATIONEN & PLÄNE
Naturpark-Büro Lockenhaus
Hauptplatz 10, Lockenhaus
www.lockenhaus.at

St. Nikolaus-Kirche in Lockenhaus

TOUR 33

Bad Tatzmannsdorf

**Auf prominentem Boden
Ruhe finden und Kraft tanken**

400 Jahr Kurtradition prägen das Ortsbild von Bad Tatzmannsdorf, wo einst die älteste ungarische Magnatenfamilie mit adeligem Namen Batthyány im Jahre 1620 damit begann, den Badebetrieb großzügig auszubauen. »Slow down« heißt es in Bad TATZ, denn der kostbare Schatz, das bis zu 36°C warme Thermalwasser, spielt auch noch heute die Hauptrolle im Ortsgeschehen. Wenn Körper und Seele relaxen oder sich Bergsteiger in der landesweit ersten Schneesauna auf ihre Himalaya-Expedition vorbereiten möchten, findet sich in der über 2000m² großen Wasserwelt der Avita-Therme der geeignete Ort dafür.

Auf Grillparzers Spuren

Ein prominenter Gast im Kurort war kein Geringerer als Franz Grillparzer. In seinen Tagebüchern notierte er die Spaziergänge durch Bad Tatzmannsdorf. Wir folgen seinen Spuren und starten am Hotel Spiegel mit verführerischer Pralinenmanufaktur. Schräg hinter dem Gebäude trauen wir unseren Augen kaum, denn da steht doch tatsächlich eine Bahnstation mit der kyrillischen Aufschrift »Grenzstation Wolochisk«. Nein, keine Einbildung!

ANREISE
7431 Bad Tatzmannsdorf, Burgenland

ÖFFENTLICH
🚌 Wien Matzleinsdorfer Pl. (Quellenstr.) › Bad Tatzmannsdorf (Joseph-Haydn-Pl.)
Dauer: 1:35; Bus G1; fährt täglich

Es handelt sich dabei um eine Kulisse aus dem 1987 gedrehten Film »Die Strauß-Dynastie«. Ein heißer Fotospot also! Zurück am Hotel Spiegel wandern wir die Bahnstraße abwärts. Links ist das »Freilichtmuseum« zu sehen, an dem sich bäuerliche Holzbauten aus dem 18. und 19. Jahrhundert – derzeit 24 Objekte – versammeln. Sie wurden von ihren ursprünglichen Standorten hierher übersiedelt. Nach der Besichtigung gönnen wir uns beim »Arkadenheurigen« ein

Kurmuseum im Quellenhof

herzhaftes Schmalzbrot mit Zwiebelringen, bevor wir den Kurpark betreten. Beim Durchschlendern findet sich ein Labyrinth und das Wahrzeichen von TATZ, der Nymphenbrunnen. Rechterhand steht das »Kurmuseum«, wo es allerhand über die Promigäste, wie Lili Strauß, Carl Vaugoin und natürlich Grillparzer himself zu erfahren gibt. Hindurch zwischen Kurhotel 1 und Rosalienhof biegen wir bei der nächsten Gelegenheit rechts in die Elisabethallee und folgen ihr bis zum Reduce Thermal. Gleich daneben betreten wir das Tor zum »Poetenhügel«. Die geomantische Anlage soll Lust aufs Lesen vermitteln. Falls ihr nicht Grillparzers Novelle »Der arme Spielmann« einstecken habt, Bücher gibts dort in »Textschachteln«. Oben angelangt, erreichen wir einen kleinen Teich. Nun schlendert man entweder auf ähnlicher Strecke zurück oder orientiert sich nach unserer Online-Route.

5km (2h) I RW I 130hm I einfach
Start: Tatzmannsd. Str. 55 (Hotel Spiegel)

Tor zum Poetenhügel

Panoramarunde

Ob Grillparzer auch auf diesen Pfaden gewandelt ist, wissen wir nicht, doch inspiriert hätte es ihn sicher. Der Rundwanderweg ▭ führt jedenfalls auf schattigen Wegen über den Mitterriegel und durch die Orte Drumling und Neustift, wo wir unterwegs auf die Turmschule in Drumling, die Glockentürmchen in Neustift und Sulzriegel sowie zu guter Letzt auf einen Bildstock, der an einen tragischen Flugzeugabsturz erinnert, treffen.

▎ Joseph-Haydn-Platz › Glockenstraße › nach 450m rechts › Lärchenweg › Angerwald › rechts in Landstraße › › dieser links folgen (an Parkplatz vorbei) › geradeaus auf Feldweg › Markierung ▭ W12 (auf der gesamten Tour) folgen › Drumling › Gasthof Baier › am Drumlingbach links › Uferweg folgen › bergan auf Mitterriegel › Wegweiser nach Neustift folgen › auf der Hauptstraße durch Neustift bis kurz nach dem Teich › links am Güterweg nach Sulzriegel › Fliegerdenkmal › links für 800m auf Landstraße › rechts halten › Bad Tatzmannsdorf

11,7km (3¼h) | RW | 280hm | mittel
Start: Joseph-Haydn-Platz (Trafik)

MEHR SEHENSWERTES

REDUCE Freilichtmuseum: Einblick in die bäuerliche Kultur und die Arbeitsweisen der Menschen vergangener Zeiten
freilichtmuseum-badtatzmannsdorf.at

REDUCE Kurmuseum: 400 Jahre Kurtradition finden sich im Quellenhof.
Mo. 16:00-18:00, So. 10:00-12:00;

Radiomuseum: 500 nostalgische und zum Teil noch funktionsfähige Radiogeräte aus 90 Jahren Radiogeschichte.
Voranmeldung: +43 676 4939956

Kutschenfahrten:
Mit der romantischen Pferdekutsche die liebliche Gegend erkunden.
Preis/Stunde: € 50.- (max. 6 Personen)
Tel: +43 676 841 889 208

INFORMATIONEN & PLÄNE

Gästeinformation Bad Tatzmannsdorf
Joseph Haydn- Platz 3
www.bad-tatzmannsdorf.at

Bahnhof mit Kulisse »Grenzstation Wolochisk«

TOUR 34

Güssing

Ungarischer Adel inmitten malerischer Landschaftsbilder

Schon von weitem ist sie sichtbar, wie sie mächtig und stolz als eine der ältesten Wehranlagen, quasi die Grand Dame der Burgen des Burgenlands, auf einem einst erloschenen Vulkankegel »Kyscen« steht: die Burg von und zu Güssing. Durch ständig wechselnde Herrschaften und als streitbarer Boden bekannt, auf dem 1459 etwa unzufriedene Adelige dort Kaiser Friedrich III. zum König von Ungarn wählten, um ihn damit zum Gegenspieler des ungarischen Königs Matthias Corvinus zu machen, ging es hier stets turbulent zu. 1524 schließlich beruhigte sich die Lage und die große Burg gelangte in den Besitz der Batthyánys, einer alten ungarischen Adelsfamilie, die dadurch bis heute eng mit Güssing verbunden ist. Burgmuseum, Franziskanerkloster, die wertvolle Bibliothek sowie die Basilika mit der privaten Gruft der Batthyánys – die Spuren des mächtigen Erbes sind hier unübersehbar.

Am Fuße der Burg entstand mit der Zeit eine Vorstadt – 1459 »civitas et suburbium« – aus dieser sich Güssing entwickelte. Heute zeichnet sich die Stadt nicht nur durch ihre Lage, das

ANREISE
7540 Güssing, Burgenland

ÖFFENTLICH
Wien Matzleinsdorfer Platz (Quellenstr.) › Güssing (Volksbank)
Dauer: 2:19; Bus G1; fährt täglich

milde pannonische Klima und ihre Kunstschätze aus, sondern auch durch ein lebendiges Kulturangebot: Burgspiele, Kultursommer Güssing,...

Vielfältige Inspirationen
Malerisch sind sie, die Güssinger Fischteiche und noch dazu von internationaler Bedeutung. Das Areal zählt seit 2013 zu den »Ramsar-Gebieten«, einer Auszeichnung für Feuchtgebiete Schutzzonen, in denen die Erhaltung und ausgewogene Nutzung der arten-

Ramsar-Rundweg trifft Bernstein-Trail

reichen Fauna und Flora Priorität hat. Auf sonstigen Brutplätzen selten gewordene Wasservögel, geschützte Fische wie den Steinbeißer, den Bitterling oder den Schlammpeitzger, auf Teichmuscheln und Wasserschnecken und noch mindestens 300 andere Pflanzenarten wird hier besonders gut aufgepasst. Egal, ob ihr diese Vielfalt einfach beim Vorbeigehen am gut beschilderten Rundwanderweg auf euch wirken lässt oder die 30 Schautafeln entlang des »Ramsar Rundweges« akribisch genau studiert, ihr werdet staunen, wie viel es hier zu entdecken gibt.

▌ Parkplatz am Freibad Güssing › nach dem Freibadgelände links und dem Uferweg (Zickenbach) bis zur Brücke folgen › links auf Asphaltstraße bis zur nächsten Kreuzung › links auf Feldweg und links halten › kurz nach dem Ortsbeginn links in Rotkreuzbergstraße › Grazer Straße › 60m nach dem Landeskrankenhaus

Stausee Urbersdorf

links in Teichgasse und an deren Ende links in Badstraße › zurück zum Bad

5,1km (1¾h) | RW | 70hm | einfach
Start: Badstraße 9 (Freibad), Güssing

Naturparkidylle

Der sich im südburgenländischen Hügelland befindliche »Naturpark Weinidylle« zieht sich an der ungarischen Grenze von Rechnitz bis Jennersdorf entlang und ist gut mit dem Rad oder dem eBike zu erkunden. Die Höhepunkte rund um Güssing sind das historische Kellerviertel Heiligenbrunn und das verwunschene Wasserschloss Eberau. Wir erobern heute allerdings den ehemaligen und auch noch so beschrifteten »Clusius-Naturlehrpfad«. Eine gemütliche Tour rund um den idyllischen Urbersdorfer Stausee, gesäumt von uralten Eichen und besiedelt mit allerlei Fischgattungen. Einen coolen Fotopoint gibts an der Urbersdorfer Ortseinfahrt: die urig-alte Weinpresse.

▌Parkplatz Stausee (an der Urbersdorfer Kirche links) › beschildertem Rundweg um den Stausee folgen

2,4km (¾h) | RW | 35hm | einfach
Start: Stausee Parkplatz, Urbersdorf

MEHR SEHENSWERTES

Josef Reichl- & Auswanderer-Museum: Dokumentiert die Emigration tausender Menschen zu Beginn des 20. Jahrhunderts.
Mai-Oktober (Sa., So. und feiertags von 14.00-18.00); Alte Hofmühle, Güssing

Kellerviertel Heiligenbrunn: Ein nahezu vollständig erhaltenes Ensemble von strohbedeckten Weinkellern, die seit dem 18. Jahrhundert in Verwendung sind. Dort ist auch die Heimat des Uhudlers!
www.heiligenbrunn.at

Grenzerfahrungsweg: Der 5km lange Erlebnisweg lehrt, Grenzen aus unterschiedlichen Blickwinkeln zu betrachten. (Labyrinth, Bunker, Schützengraben, Grenzbrücke, Schwimmende Brücke...)
Gemeinde Bildein, www.bildein.at

INFORMATIONEN & PLÄNE

Tourismusinformationsbüro
Hauptplatz 7, Güssing
www.guessing.co.at

Burg Güssing

TOUR 35

Neumarkt

Im südlichsten Zipfel des sonnigen Burgenlands

Bis zur ungarischen Grenze sind es von Neumarkt aus nur zwei Kilometer Luftlinie, also quasi nur ein Katzensprung. Wer acht Kilometer weiter hüpft, landet im Nachbarland Slowenien. Das geht in diesem dreiländerübergreifenden Naturpark namens »Raab-Őrség-Goričko« natürlich auch ganz bequem zu Fuß über reizvolle Gehwege oder alternativ mit Fahrrad oder Boot entsprechend den Gegebenheiten. Vor allem die beiden idyllischen Wasserstraßen Raab und Lafnitz sollen hier für in der Strömung gerne flott dahintreibende Kanufahrer Erwähnung finden. Gemütlicher plätschert es sich vermutlich in der nahe gelegenen Therme Loipersdorf oder im kristallklaren Wasser des Königsdorfer Naturbadesees.

Genussradeln heißt das Codewort für alle, die Kultur mit Natur verbinden wollen. Das Radwegenetz der Region Südburgenland bietet jede Menge Schönes – die Paradiesroute entlang der Raab-Auen beispielsweise oder die Römerradtour über die sanft-hügelige Landschaft. Egal, ob mit E-Bike oder Rad, an Verleih- und Ladestationen mangelt es hier sicher nicht.

ANREISE
8380 Neumarkt an der Raab, Burgenland
ÖFFENTLICH
🚆 Wien Hbf › Györ
   Dauer: 1:11; railjet: fährt täglich
🚆 Györ › Jennersdorf Bhf
   Dauer: 2:18; IC; fährt täglich
   Weitere Bahnverbindungen Wien › Jennersdorf mit Umstieg in Graz

Jährlich im August wird dann den Opernfreuden gefrönt, wenn der bezaubernde Arkadenhof des Schlosses Tabor am Jennersdorfer Festspielsommer seine Tore öffnet.

Mystische Plätze
Total verhexte Markierungen gibt es am Hexenweg, den wir begehen wollen. Nomen est Omen also. Wir lassen uns davon aber nicht irritieren und

Rasenkreuz

treffen auf das »Borovnjak-Kreuz« – eine Erinnerung an den ermordeten Gastwirt Borovnjak – und passieren das mysteriöse »Rasenkreuz von Eisenberg«. Ursprung der heutigen Pilgerstätte war ein Kreuz in der Wiese, auf dem der ehemaligen Grundstückseignerin die Jungfrau Maria erschienen ist. Wer es bodenständiger mag, besucht den traditionellen »Fruchtspeicher« in Eisenberg und die mit Schilf gedeckten Häuser des »Künstlerdorfs Neumarkt«.

▌Kriegerdenkmal Neumarkt › Hauptstraße in Richtung St. Martin › Reitstall Neumarkt › nach 30m links in Feldweg (nicht am Forstweg davor) › Waldstück durchqueren › links auf Asphaltstraße › geradeaus nach und durch Eisenberg › 30m nach Rasenkreuz links (geradeaus gehts zum Hotel Eisenberg; 400m) › Waldweg geradeaus › Münzgrabenbach überqueren › rechts zum Kodl Haus › Borovnjak-Kreuz › am nächsten Abzweiger rechts und Weg für 1,8km folgen

Fruchtspeicher aus Lehm

› rechts in Berggasse bis deren Ende › links in Hauptstraße (Künstlerdorf) und über diese zurück nach Neumarkt
9km (3h) | RW | 210hm | einfach
Start: Hauptstraße 19, Neumarkt

Naturgenuss geht über Grenzen
Ein Spaziergang nach Ungarn gespickt mit Einblicken in die wilden Raab-Auen sowie in den verträumten Ort Alsószölnök – das ist unsere Mission. Danach werden wir von schattigem Mischwald – in dem sich viele leckere Schwammerl aus der Erde erheben – über den Schneiderberg begleitet. Reisepass oder Führerschein nicht vergessen!

▍Gasthaus Holzmann › Landstraße stadtauswärts › kurz nach Grenzübergang (Rastplatz) links › Markierung 🟥T (Themenweg) durch Raabauen folgen › rechts auf Landstraße › geradeaus durch Alsószölnök (Richtung Grenze) › kurz nach bekanntem Rastplatz links › Markierung 🟩 bis zum höchsten Punkt (Schneiderberg) folgen › rechts auf Forstweg bergab und geradewegs zurück zum Gasthof
9,8km (4h) | RW | 225hm | mittel
Start: Hauptstraße 59 (Gasthaus Holzmann)

MEHR SEHENSWERTES
Künstlerdorf: In acht historischen Gebäuden Kunst betreiben oder genießen. *Hauptstraße 45, Neumarkt an der Raab www.kuenstlerdorf.net*

E-Bike-Verleih: Camping & Freizeitanlage Jennersdorf, neben Erlebnisfreibad; *Freizeitzentrum 3, Jennersdorf*

Tierwelt Herberstein: Ein in Kontinete unterteilter Zoo mit vielen Tieren und einem Gartenschloss; Hunde erlaubt! *www.tierwelt-herberstein.at*

Schloss Kornberg: Der Schlossherr persönlich führt durch bewegte Geschichte & schöne Räumlichkeiten (Fr./So. 14:00). 360° Planetarium, Galerie, Kunsthandwerk; *https://schlosskornberg.at*

INFORMATIONEN & PLÄNE
Tourismusbüro Jennersdorf
Kirchenstraße 4, Jennersdorf
www.urlaub-jennersdorf.at

Künstlerdorf Neumarkt

TOUR 36

Mannersdorf

Die besinnlichste Stadt des Industrieviertels

Der sogenannten »Wüste« Mannersdorfs fehlen die Sanddünen und auch Kamele hausen hier nicht. Schuld an ihrem Namen ist ein kleiner Übersetzungsfehler des griechischen Wortes »eremos«, das sowohl Wüste als auch Einsiedelei bedeutet. Das zweitere hätte wesentlich besser gepasst, denn in den ruhigen Wäldern waren einst sieben Eremitagen angesiedelt. Das Herzstück dieser von einer 4,5km langen Mauer umgebenen »Wüste« ist die verträumte Klosteranlage St. Anna. Entstanden um 1654. Und es gibt sogar ein noch älteres Gebäude hinter den klösterlichen Steinmauern: die mysteriöse Ruine Scharfeneck. Mysteriös deshalb, weil über deren Entstehung so gut wie nichts überliefert wurde. Auch der Industrie begegnen wir hier: Kalkabbau als Tradition, die im denkmalgeschützten »Baxa-Kalkofen« zum Leben erwacht.

Lebendige Wüste
Obwohl »Wüste« genannt, formierten sich hier sehr abwechslungsreiche Landschaftsbilder: Bizarre Felsformationen, verträumte Ruinen, verlassene Steinbrüche, lichte Eichen- und Buchenwälder, verträumte Alleen und

ANREISE
2452 Mannersdorf am Leithagebirge, NÖ
ÖFFENTLICH
- Wien Hbf › Götzendorf Bhf
  Dauer: 0:25; S60, fährt täglich
- Götzend. Bhf › Mannersd./Arbachmühle
  Dauer: 0:13; Bus 247; Mo-Sa

saftige Streuobstwiesen – fast wie die Kulissen eines Monumentalschinkens, all das hat diese so unterschätzte Mannersdorfer Wüste herzuzeigen.

Wir durchwandern sie auf dem »Maria Theresia Rundwanderweg« (Kleiner Rundwanderweg ▬) und treffen dabei auf das mittelalterliche Kloster St. Anna, wo einst die Unbeschuhten Karmeliter hausten, oder die Leopoldskapelle, wo entlang des Themenwe-

Klosterkirche St. Anna

ges Marc Aurels (römischer Kaiser und Philosoph) tiefgründige Gedanken und Erkenntnisse zu finden sind. Und sogar einen kleinen Gipfel gibt es hier zu besteigen: den des Scheiterberges mit 360°-Aussicht. Was wir schon immer über Kalk wissen wollten, erfahren wir dann am Industriedenkmal »Kalkofen Baxa«.

▌ Parkplatz Arbachmühle › Wegweiser zum Kloster St. Anna (über Lindenallee) folgen › Kloster › Wegweiser zum Scheiterberg folgen › Gipfel Scheiterberg › Abstieg Hochfilzerhütte › Ortsbeginn Mannersdorf › links und am Ortsrand halten (Obere Hochleiten, Tattendorf Gasse, Waldgasse bis Ende) › Lehrpfad zum Kalkofen Baxa › Besichtigung › 160m am selben Weg zurück › rechts abbiegen und entlang des Steinbruchs bis zur breiten Schotterstraße › rechts eintreten und zurück zum Parkplatz

9,4km (3h) | RW | 220hm | mittel
Start: Arbachmühle 1 (Gasthof & Parkplatz)

Leopoldskapelle

Meditative Wüste

Eine verträumte Klosteranlage namens St. Anna und die lehrreiche Leopoldskapelle sind der Ausgangspunkt unserer Tour. Bald biegen wir Richtung Süden und wandern am »Kaiser Franz Josef Rundwanderweg« (Großer Rundwanderweg ▬), um die wild bewachsene Ruine Scharfeneck zu erkunden. Fix sind nur ihre späteren Besitzer und dass 1555 heftig ein Blitz einschlug und sie verfiel. Wir gehen weiter, werden von stillen Eichen- und Buchenwäldern begleitet und stoßen dann auf die »Franz-Josef-Warte« mit Belohnungs-Neusiedlersee-Panorama.

▎ Parkplatz Arbachmühle › Wegweiser Kloster St.Anna folgen › Kloster › Wegweiser Ruine Scharfeneck folgen › Besichtigung › 100m zurück und geradeaus weiter › Franz-Josef-Warte › links bergab und links halten › Abzweiger › rechts auf Forststraße › Binder Kreuz › an den »Drei Hottern« links › Rastplatz »Sieben Linden« › geradeaus weiter für 2km › Wegweiser Kloster St. Anna folgen › auf bereits bekannter Schotterstraße zurück

13km (4h) | RW | 290hm | mittel
Start: Arbachmühle 1 (Gasthof & Parkplatz)

MEHR SEHENSWERTES

Stadtmuseum Mannersdorf: Archäologische Funde und steinmetztechnische Exponate in einem ehemaligen Schüttkasten.
Mai bis Oktober: So. 10:00-12:00
www.stadtmuseummannersdorf.at

Themenweg »Die Wüste Mannersdorf«:
Gedanken des Kaisers & Philosophen Marc Aurel; *www.diewuestemannersdorf.at*

Kalkofen Baxa: Museum im denkmalgeschützten Kalkofen, das über die Kalkgewinnung und den Steinabbau erzählt.
www.kalkofenbaxa.at

Kostenlose Handy-App: »Wanderwege Römerland Carnuntum« mit Karten, Sagen, Geschichten, Fauna und Flora.
Download im Play Store bzw. App Store

INFORMATIONEN & PLÄNE

Stadtgemeinde Mannersdorf
Hauptstr. 48, Mannersdorf/Leithagebirge
www.mannersdorf-leithagebirge.gv.at

Kalkofen Baxa (Museum)

TOUR 37

Mörbisch

Atemzüge im pannonischen Rhythmus

»Im Sommer '89 schnitt er Löcher in den Zaun«... Was die Popband Kettcar in ihrem Song so treffend beschreibt, fand tatsächlich statt – hier in Mörbisch, einem Ort der Erinnerung, als ein Zaun dafür sorgte, dass man nicht in die westliche Freiheit durfte. Den See erreicht man vom Ort aus wegen des breiten Schilfgürtels nur dank des 1950 aufgeschütteten Damms, an dessen Ende sich das moderne Seebad Mörbisch und die eindrucksvolle Seebühne befinden. Auf dieser größten Open-Air-Operettenbühne der Welt finden die bekannten Seefestspiele statt. Wer noch Alternativen zur romantischen Sonnenuntergangskulisse für sein Instaprofil sucht, findet in den blumenreichen und säulengeschmückten Vorhallen der Hofgassen entzückende Motive.

Von Mörbisch nach Rust

Ausgangspunkt unserer Tour ist in Mörbisch die Bäckerei Strommer (bekannt für den weltbesten Hochzeitsgugelhupf). Von hier aus wandern wir durch idyllische Weingärten nach Rust und schauen unterwegs auf einen kurzen Abstecher beim Mangalitza-Schwein-Gehege vom Weingut Sommerhof vorbei. Kaum jemandem ist bekannt, dass die im pannonischen Raum schon fast ausgestorbenen Tiere früher »schwalbenbäuchiges Wollschwein« genannt wurden. Am Vogelbeobachtungsturm angekommen packen wir dann das Fernglas aus, um Ausschau nach Störchen und Reihern zu halten, bevor wir den Ruster Stadthafen erreichen. In der Ruster Altstadt bilden die gepflegten Barock- und Renaissancefassaden Blickfang und Fotopoint und zudem einen schö-

ANREISE
7072 Mörbisch am See, Burgenland

ÖFFENTLICH
Wien Hbf (Busbhf Südtiroler Pl.) › Mörbisch/Hauptstraße; *Dauer: 1:58 Bus 200/285 bzw. 200/286; fährt täglich*

Hofgassen Mörbisch

nen Kontrast zu den Weingärten, die uns zurück nach Mörbisch begleiten.

▌ Bäckerei Strommer › Ruster Straße stadtauswärts › 1.Abzweigung rechts (Joseph-Haydn-Gasse) und an deren Ende links › Straße entlang des Bewässerungsgrabens folgen (am 1. Abzweiger Abstecher zu Mangalitza-Schweinen, 120m) › an dem Punkt, wo der Bewässerungsgraben endet (nach 4km), links und sofort wieder rechts › Vogelbeobachtungsturm › Stadthafen › Altstadt Rust › Conradplatz › links in Weinberggasse bis Polizeigebäude Rust › rechts in Vogelsangweg und geradeaus haltend 🇦🇹 07 E4 zurück nach Mörbisch

12km (4h) | RW | 119hm | einfach
Start: Ruster Straße 8 (Bäckerei), Mörbisch

Paneuropäisches Picknick

An dieser Gedenkstätte wurde 1989 Geschichte geschrieben. Das sogenannte »Paneuropäische Picknick« war eine Friedensdemonstration an

Weingärten Mörbisch

der österreichisch-ungarischen Grenze. Mit Zustimmung beider Länder sollte dabei das Grenztor an der alten Pressburger Landstraße symbolisch für drei Stunden geöffnet werden. Das »Tor der Freiheit« wurde dabei von DDR-Bürgern durchbrochen. Es stellt die erste spektakuläre Aktion der deutschen Wiedervereinigung dar und gilt als lohnendes Ausflugsziel mit Parkanlage, Schautafeln und verbliebenen Resten des Eisernen Vorhanges.

▌Rosengasse Ende › Güterweg geradeaus › Markierung EV13 (Iron Curtain Trail Radweg) bergan folgen › Gedenkstätte Paneuropäisches Picknick › Rückweg über selbe Strecke
7km (2½h) | SW | 124hm | einfach
Start: Rosengasse 55, Mörbisch

Radeln am »Grünen Band«
Die EuroVelo-Route EV13 (Iron Curtain Trail), die in nächster Zeit von der Barentssee bis ans Schwarze Meer führen soll, schlängelt sich auch durch Mörbisch. So kann man auf diesem Fernradweg bequem das Esterházy-Schloss in Fertőd oder die Ursulinenkirche in Sopron besuchen.
https://de.eurovelo.com/ev13

MEHR SEHENSWERTES
Erlebniswelt Seebad Mörbisch: Im Neusiedler See schwimmen oder Boot fahren! Für Kinder gibt es zusätzlich ein beheiztes Erlebnisbecken mit Wasserrutsche und Wildwasser-Strömungskanal.

Heimathaus Mörbisch: Mach dir ein Bild von der Wohnsituation der Mörbischer Bauern aus vergangenen Zeiten. *Hauptstraße 55, Mörbisch am See*

Kremayrhaus Rust: Das Stadtmuseum beherbergt Kunstgegenstände, Antiquitäten und Sonderausstellungen

Fahrradverleih: Pension Sonnenhof, Pension Amelie & Nextbike-Station am Leuchtturm: www. *sonnenhof-moerbisch.at, www.amelie-moerbisch.at, www.nextbike.at*

INFORMATIONEN & PLÄNE
Tourismusverband Mörbisch am See
Hauptstraße 23, Mörbisch am See
www.moerbischamsee.at

Storch unterwegs

TOUR 38

Illmitz

Beeindruckende Erlebnisse in Österreichs tiefstgelegener Ortschaft

Ein Vermächtnis des Meeres, das vor etwa 13 Millionen Jahren das Gebiet bedeckte, gemeint sind damit die salzhaltigen Lacken, aber auch der dichte Lackenboden und das periodische Austrocknen der Gewässer leisten ihren Beitrag zur Einzigartigkeit der Landschaft in der Region östlich des Neusiedler Sees. So wachsen im Randbereich der Lacken Pflanzenarten, deren nächste Verwandte an Meeresküsten zu finden sind: Salzaster, Salzmelde oder die Salzkresse, um einige zu erwähnen. Die besonderen Vögel nicht zu vergessen, die in Illmitz vors Fernglas flattern: Seltene wie der Säbelschnäbler und der Seeregenpfeifer sind es, aber auch Möwen und Seeschwalben leben im dichtbewachsenen Schilf neben Reihern, Enten und Gänsen. Der sandige Boden rund um Illmitz hat schon manchem Winzer zu Weltmeisterweinen verholfen und bietet auch dem seltenen weißen Barockesel eine würdige Heimat. Den edlen Tropfen kann man hier verkosten, die schönen Huftiere am Sandeck besuchen, entspannen kann man sowieso und Badevergnügen kommen im weitläufigen Strandbad von Illmitz ganz sicher nicht zu kurz.

ANREISE
7142 Illmitz, Burgenland

ÖFFENTLICH
Wien Hbf › Neusiedl/See Bhf
Dauer: 0:40; REX; fährt täglich
Neusiedl/See Bhf › Illmitz Gemeinde
Dauer: 0:33; Bus 290; fährt täglich

Paradies um Illmitz

Der »Naturlehrpfad Illmitz« erzählt über die Zicklacke, den Kirchsee, den Albersee, über die Biologie und die Natur der Region und das auf zehn befliesten Betontafeln. Wir lernen etwas über die sozialen und bindungswilligen (oft sind Pärchen über viele Jahre zusammen) Graugänse, die wir auf Österreichs erster barrierefreier Aussichsplattform meist gut beobachten können. Unterwegs treffen wir auf

Schilfhütte & Ziehbrunnen vor Zicklacke

mehrere traditionelle Seewinkler Ziehbrunnen, die so gut wie immer ein idyllisches Bild abgeben. Thema Brunnen: Am Start der Tour passieren wir die St. Bartholomäus-Quelle, die 1931 den Bürgern aus Hygienegründen zugänglich gemacht wurde. Die einst zu seichten Illmitzer Hausbrunnen wurden in den Sommermonaten zum Parasiten-Paradies. Wer am Ende der Tour noch Lust und Laune hat, kann im Seevogelmuseum beim Seewirten ornithologisches Wissen testen.

▌ St. Bartholomäus-Quelle › Seegasse (stadtauswärts) bis Aussichtsplattform mit Rastplatz › rechts auf Güterweg bis Infotafel 4 › zurück bis kurz vor der Aussichtsplattform › rechts eintreten › Kreuzung Güterweg › erneut rechts und bis Infotafel 8 gehen › umkehren und immer geradeaus halten bis zum Ortsrand von Illmitz › links in Schrändlgasse und über Untere Hauptstraße zurück zum Hauptplatz
7,9km (2½h) | RW | 110hm | einfach
Start: Hauptplatz 4 (Quelle), Illmitz

Weiße Esel am Sandeck

Erlebnis Sandeck

Die österreichisch-ungarischen Barockesel mit ihren langen, weißen Ohren und ihren sanften blauen Augen locken uns in das Sandeck, einen der außergewöhnlichsten und sehenswertesten Plätze im ganzen Nationalpark. In dieser scheinbar endlosen Steppe, durchsetzt mit weißen Sandbiotopen, grasen die seltenen Vierhufer und erhalten damit die Landschaft. Mit etwas Glück zeigt sich auch eine herantrabende Herde Graurinder, die eine Menge Sand aufwirbeln und einen kurzen Moment lang Afrika-Feeling aufkommen lassen. Ein alter ungarischer Grenzwachturm eröffnet zudem den Ausblick auf den mächtigen Schilfgürtel des Neusiedler Sees.

▌Hauptplatz › Untere Hauptstraße › geradeaus › Schellgasse › 1. Abzweiger rechts in »Am Schrändlsee« eintreten und bis zu den 3 großen Lagerhallen gehen › links in Güterstraße und diese bis Aussichtsturm Sandeck (Esel) nehmen › Güterstraße weiter folgen bis Seegasse › Abstecher geradeaus (Aussicht Pferdekoppel) › zurück zur Seegasse und rechts eintreten › Seebad

8,6km (3h) | SW | 150hm | mittel
Start: Hauptplatz, Illmitz

MEHR SEHENSWERTES

Seevogelmuseum Illmitz: Hier können von Ostern bis Oktober etwa 270 Vogelarten unter die Lupe genommen werden. *Im Seewirt-Restaurant Lang (Strandbad)*

Seebad Illmitz: Kleines, aber feines Seebad mit guter Wassertiefe zum Schwimmen und eigenem Familienbereich.

Steppentierpark Pamhagen: Goldschakale, Zackelschafe, Tarpan-Pferde, Sakerfalken & Co. warten geduldig auf Besuch. *www.steppentierpark.at*

Presshaus Ilmitz: Vorzüglich speisen und burgenländischen Wein genießen. *www.presshaus.com*

Radverleih Mürner: Direkt an den Radwegen B10 & B20; *www.radverleih.at*

INFORMATIONEN & PLÄNE

Tourismusinformation Illmitz
Obere Hauptstraße 2-4, Illmitz
www.gemeinde-illmitz.at

Aussichtsturm

TOUR 39

Podersdorf

**Gemütlich Sonne tanken
oder »Hart am Wind« bleiben**

Die Ersten waren die Segler, die den Podersdorfer Strand entdeckten, dann kamen die Surfer, dann die Kiter und vor kurzem die Stehpaddler. Wegen des schönen Wetters, wegen des vielen Wassers und wegen der coolen Stimmung. Mittendrin im ganzen Trubel die Sonnenanbeter, die Genussschwimmer, die Straßenradler, die Eisschlecker und die Naturliebhaber. Nur die Eremiten fehlen hier im Zentrum. Nun, sie sind es, die die sogenannte Podersdorfer Hölle erwandern.

Podersdorf erschlendern

Ganz im Norden, quasi Nord/Nord Strand, zeigen die Kitesurfer ihr Können am Wasser. Wer nicht nur Beobachter sein will: Schnupperkiten kann man auch gleich hier, nämlich bei der Kite2Fly-Schule. Wir strandeln gegen Süden und treffen auf das moderne Surf- und Segelrevier sowie auf den ersten Eingang des Strandbades. Allen empfohlen, die etwas ruhigeres Plantschen bevorzugen. Wer aber quasi »Lignano-Feeling« mag, geht weiter bis zum »Spaß-Zentrum« von Podersdorf: Der Freizeitpark mit Minigolfanlage, Trampolinen, Komet-Schaukel und dem Aqua-Bumper,

ANREISE
7141 Podersdorf am See, Burgenland

ÖFFENTLICH
- Wien Hbf › Neusiedl/See Bhf
  Dauer: 0:40; REX; fährt täglich
- Neusiedl/See Bhf › Podersdorf/See Strandplatz
  Dauer: 0:21; Bus 290; fährt täglich

die Autodrom-Variante zu Wasser. Es folgt der lange Steg zum Leuchtturm, recht bekannt geworden durch die Fernsehserie »Der Winzerkönig«, der wie ein langer Arm in den See hinein reicht. Wer Lust auf eine Bootstour hat, kann sich dort eines leihen. Elektroboote und Tretboote, unter anderem im Nessie-Look oder mit Rutsche, stehen bereit. Oder man kehrt in die hippe Bar ein. Mittlerweile sind wir am Strandplatz angekommen,

Strandidylle

wo man nun vor der Entscheidung steht: für Wein und Cocktails links halten oder parallel zum Ufer weiterschlendern. Bei zweiterem gelangt man zum »Kinder- und Familienparadies« des Strandbades mit cooler Piratenfähre im See. Das Wasser ist übrigens auch barrierefrei erreichbar: Ein Hebelift vor dem Seehotel Herlinde machts auch für Menschen mit Rollstuhl möglich! Bevor es für uns in Richtung Hölle weitergeht, folgt der Podersdorfer Campingplatz.

Durch die Hölle gehen

So böse, wie es klingt, wird es aber allemal nicht – außer man hat kein Wasser und die Temperatur klettert auf über 40°C. Doch mit Sonnenhut am Kopf und Getränk im Rucksack sind wir auf der sicheren Seite und im Podersdorfer Ortsteil Hölle auf einem malerischen Fleckchen Erde gelandet. Eingebettet zwischen dem salzhaltigen Oberen Stinkersee (was für ein Name!), den beiden feuchten Höllenlacken und dem Neusiedler See

Oberer Stinkersee

wird mittendrin Weinbau betrieben, Ornithologen liegen mit dem Fernglas auf der Lauer und die Abschnitte des Seevorgeländes werden mit seltenen Przewalski-Pferden beweidet. Auch die raren und zotteligen Mangalitza-Schweine gibt es zu sehen. Falls doch der Proviant ausgehen sollte, keine Sorge, man muss sich nicht selbst ein Schwein jagen, denn der Buschenschank »Wein aus der Hölle« und auch der Heurige Weingut Hölle liegen zur gemütlichen Einkehr am Weg.

▎Straße »St. Christophorus« (Höhe Yachtclub Podersdorf) stadtauswärts bis Linkskurve › rechts in Versorgungsstraße eintreten › dieser für 3,4km folgen (Saftladen, Aussicht Mangalitza-Schweine, Aussichswarte Hölle, Heuriger zur Hölle) › Linkskurve › Buschenschank (Wein aus der Hölle) › Hochstand Oberer Stinkersee › 500m nach Rastplatz (Oberer Stinkersee) an der Kreuzung links in Wiesenweg biegen › geradewegs auf Wiesenweg 3km weiter › 2. Kreuzung (rechteckiger Teich) › links eintreten › an Tschisti's Saftladen rechts › auf bereits bekannter Versorgungsstraße zurück
10,2km (3h) | RW | 150hm | mittel
Start: St. Christophorus 9 (Yachtclub)

MEHR SEHENSWERTES

Dorfmuseum Mönchhof: Ein besonderes Freilichtmuseum: Die 35 wieder errichteten Gebäude dürfen betreten und die Aura der alten Räume nachempfunden werden.
April bis Oktober: Di.-So. 10:00-18:00
www.dorfmuseum.at

Schloss Halbturn: Das barocke Schloss bietet saisonale Ausstellungen und Konzerte: Gartenlust, Lipizzaner & Friends, Schlossadvent etc. Der schöne Schlosspark ist ganzjährig besuchbar.
www.schlosshalbturn.com

Windmühle: Über die 170 Jahre alte und noch einsatzbereite Mühle staunen.
Ab Juni: Montag bis Samstag
Mühlstraße 26, Podersdorf am See

INFORMATIONEN & PLÄNE

Touristeninformation Podersdorf
Hauptstraße 4-8, Podersdorf am See
www.podersdorfamsee.at

Podersdorfer Windmühle

TOUR 40

Eisenstadt

**Flanieren in und um die
»kleinste Großstadt der Welt«**

Sie ist klein und doch ganz groß. Sie ist die kleinste Landeshauptstadt, mit fast 15.000 EisenstädterInnen. Das macht sie überschaubar und sogar für den ärgsten Zu-Fuß-Geh-Muffel attraktiv. Die markanteste Attraktion der Innenstadt ist die mittelalterliche Burg, die von der Fürstenfamilie Esterházy zu einem imposanten Schloss - Schönbrunn nicht ganz unähnlich - umgebaut wurde. Bei einer Führung erwartet uns unter anderem der prunkvolle Wohnbereich der Fürstin und der akustisch hochgelobte Haydnsaal. Joseph Haydn selbst war 12 Jahre lang Kapellmeister der fürstlichen Familie und wohnte nur einige Meter weiter. Ein kurzer Arbeitsweg also. Im barocken Haydn-Haus kann man sich heute von Musikgeschichte verzaubern lassen und auch sein Mausoleum ist nicht fern: Es liegt unter dem Nordturm der lieblichen Bergkirche am Kalvarienberg und ist Ziel von Musikfans aus aller Welt. Der Musiker wurde übrigens mit falschem Kopf begraben, den echten hatten Anhänger der »Gall'schen Schädellehre« geklaut und erst im Jahr 1954 wurde er wieder mit dem übrigen Skelett verbunden und der arme Herr Haydn wieder ganz.

ANREISE
7000 Eisenstadt, Burgenland

ÖFFENTLICH
Wien Hbf › Eisenstadt Bhf
Dauer: 1:11; REX; fährt täglich

Lebendige Ein- und Ausblicke

»*Ich baute in Eisenstadt, ohne gewusst zu haben, für wen, einen Garten an, durch Gottes Fügung für Dich. Es blühen jetzt Rosen und sonstige Blumen. Ich wollte, Du kämest bald sie zu pflücken.*« Mit dieser herzzerreißenden Liebeserklärung von Nikolaus Esterházy an Krisztina Nyári beginnt eigentlich die Geschichte des Schlossgartens von Eisenstadt. Zu Beginn ein kleiner Barockgarten, später ein ausgedehnter englischer Landschaftsgarten, mit Teichen, Wasserfällen und

Schloss Esterházy

Gebäuden, mit denen versucht wurde, »Szenerien« nachzustellen. Wie zum Beispiel das Ensemble »Leopoldinentempel«, ein Symbol der erdachten Ideallandschaft Arkadiens. Um 1820 zählte der Garten zu den meistbewunderten Anlagen der damaligen Monarchie. Ab den 1950er Jahren begann aber der Verfall. Teile verwilderten, das Stadion wurde gebaut und die Wasserläufe versiegten. Jetzt bemüht sich zum Glück ein Verein um die Erhaltung des Schlossparks.

Nachdem wir uns im Schlossgarten umgesehen und ihn für äußerst reizend empfunden haben, gehts bergauf zum letzten Außenposten des Schlossparks – der Gloriette, einem ehemaligen Jagdschloss. Bald erreichen wir den nächsten Aussichtspunkt, der uns Eisenstadt von oben zeigt: die Raiffeisen-Jubiläumswarte. Umgeben ist die Warte von einer Lichtung samt Lehrpfad und vielen Sitz- und Liegemöbeln. Weiter gehts durch einen ruhigen Wald zum Mariendenkmal und

Leopoldinentempel

zum Christuskreuz »Schöner Jäger«, bevor wir uns wieder ganz der burgenländische Hauptstadt zuwenden.

▌Tor (links neben Schloss Esterházy) › Schlossgarten betreten › geradeaus halten (nahe Schlossmauer) bis zum Ausgang am NW-Eck › Glorietteallee bergauf › am Ende links › Gloriette (Gasthaus »Die Alm«) › Wegweiser Raiffeisen-Jubiläumswarte › auf Markierung 🟥 bis Mündung in Zentralalpenweg (🟥 02) › rechts eintreten › Kreuz Schöner Jäger › nach 100m rechts auf 🟨 und bergab Richtung Eisenstadt › Infotafel »Radeln in Eisenstadt« › rechts › Schlosspark

7,9km (2½h) | RW | 240hm | mittel
Start: Schloss Esterházy, Esterhazyplatz 1

Vitual Walk

Schwer bewaffnet mit Handy oder Flyer (erhältlich im Tourismusbüro) machen wir uns auf, um den richtigen Dieb, der sich »Jo Haydns« Musiknoten unter den Nagel gerissen hat, zu überführen. Sogar eine Belohnung steht uns am Ende zu... Eine kreative Möglichkeit, um Eisenstadts Sehenswürdigkeiten kennen zu lernen.

Download Schnitzeljagd:www.foolscap.at

MEHR SEHENSWERTES

Schloss Esterházy: Einblick in das glanzvolle Leben der Fürstenfamilie. Klassische Konzerte im Haydnsaal oder in den zeitgenössischen, ehemaligen Stallungen. Zauberhafter Schlossgarten;
www.esterhazy.at

Haydnhaus: Ausstellung »Zimmer, Kuchl und Cammer« – Wohnatmosphäre zur Zeit Joseph Haydns nachempfinden;
www.haydnhaus.at

Haydnhäuschen: Hier gibts im Sommer Führungen zum Anbau und Gebrauch barocker Küchen- und Heilkräuter.

Siedlerweg der Poljanci: 55km langer Radweg durch die burgenländisch-kroatischen Orte in der Umgebung Eisenstadts.
www.siedlerweg-poljanci.at

INFORMATIONEN & PLÄNE

Tourismusbüro, Hauptstraße 21, Eisenstadt
www.eisenstadt-leithaland.at

Bergkirche Joseph-Haydn-Platz

Mehr Abenteuer

10 Jahre sind bereits seit dem Erscheinen des ersten »WildUrb« Buches vergangen. WIEN GEHT, unser Flaggschiff unter den urbigen Kultbüchern wurde mittlerweile in der 3. Auflage herausgegeben, wir konnten Berlin erobern und mit dem vorliegenden Buch sind insgesamt 16 Buchtitel erschienen. Hier findest Du einen Auszug der Buchserie und unter **www.wildurb.at** unser gesamtes Verlagsprogramm.

ENDLICH WOCHENENDE

Niederösterreichs Norden und Osten, tschechische und slowakische Grenzorte.

80 Ausflüge – Kultur, Spaziergänge und Wanderrouten, die an historisch prominente Orte, an mystische Kraftorte zum Energietanken und an wildromantische Plätze zum Träumen und Relaxen führen.

WIEN WANDERT

Die offiziellen Wanderwege der Stadt: 12 Stadtwanderwege, 4 Naturlehrpfade, der Wein- und Wasserweg sowie »rundumadum«!

Alle offiziellen Wanderwege sowie »rundumadum« in 7 Etappen. Mit Routenplänen, Wegbeschreibungen und viel Interessantes über Wiens Natur!

ABENTEUER GASSI

Wien & Umgebung mit Hund: Hinaus ins Grüne! Mit aktiven Vierbeinern herrliche Wiesen und einsame Wälder erobern.

16 Wege mit Routenplänen, Wegbeschreibungen und Historischem sowie mehr als 40 Aktivitätstipps für sportliche Zwei- und Vierbeiner!